# इस्कूली कहानियाँ



కస్తూరి విజయం
VICTORY OF KASTURI

तेलुगु मूल
श्रीमती शीला सुभद्रा देवी

हिंदीकरण
डॉक्टर गणेश राम अनुवेदी

**इस्कूली कहानियाँ**

**Iskooli kahaaniyaan**

तेलुगु मूल
श्रीमती शीला सुभद्रा देवी

हिंदीकरण
डॉक्टर गणेश राम अनुवेदी

Mobile: +91 73824 34841
Email: ganeshram.kalepu@gmail.com



Published By: Kasturi Vijayam
Published on: Apr-2025

ISBN (Paperback): 978-81-982729-2-8

Print On Demand

Ph:0091-9515054998
Email: Kasturivijayam@gmail.com
Book Available
@
Amazon, flipkart

# शीला सुभद्रा देवी

शीला सुभद्रा देवी
एम ए (तेलुगु), एम एससी (गणित) बी एड।
प्रधानोपाध्यायिका की हैसियत से सेवानिवृत्त।
8 कविता संकलन,3 लंबी कविताएं,3 कहानी संकलन,1 उपन्यास,
2 मोनोग्राफ तेलुगु में प्रकाशित।
इनकी रचनाओं पर विभिन्न विश्व विद्यालयों में पांच अनुसंधान कार्य संपन्न।
विभिन्न संस्थाओं से संख्यानेक पुरस्कार प्राप्त।
तेलुगु भाषी राज्यों में फ्री वर्स फ्रंट का सफल नेतृत्व, जिस में 200 से अधिक कवि कवयित्रियां सक्रिय भाग लेती हैं।

# डॉक्टर गणेश राम अनुवेदी

डॉक्टर गणेश राम अनुवेदी

साहित्यरत्न; एम ए पी. एचडी

छः वर्ष हिंदी प्राध्यापक रहे।

केनरा बैंक में राजभाषा वरिष्ठ प्रबंधक की हैसियत से सेवानिवृत्त।

1 अनुवाद

1 कविता संकलन और

1 कहानी संकलन अनूदित

पत्र पत्रिकाओं में प्रकाशित संख्यानेक कविताओं का हिंदी में स्वांतः सुखाए अनुवाद करते रहते हैं।

# समर्पण

हमारी शिक्षा व्यवस्था में अनेक प्रकार की पाठशालायें काम करती रहती हैं। निजी और कार्पोरेटीय पाठशालाओं में फीज़ भरने की औकात रखनेवाले माँ-बाप के बच्चे ही पढ़ते हैं। इतना ही नहीं उन्हें ट्यूशन और कोचिंग की भी सहूलियत दिलाते हैं। इस के विपरीत प्रशासनिक और गिरिजन पाठशालाओं में मात्र अध्यापकों द्वारा पढ़ाये जाने वाले पाठों पर निर्भर करनेवाले शोषित-ताडित-पीडित वर्गों के बच्चे ही पढ़ते हैं। ऐसे बच्चों पर अध्यापक-अध्यापिकाओं को विशेष ध्यान देने की नितांत आवश्यकता होती है। नहीं तो ड्राप औट बढ़ जाते हैं।

ऐसी पाठशालाओं में बच्चों को लिखाने - पढ़ाने के अलावा उनके सर्वतोमुखी विकास के लिए जी-जान से काम करनेवाली अरुंधती और गौरी जैसे अध्यापकों की अनवरत आवश्यकता होती है। ऐसे समस्त अध्यापकों को मैं अपनी " इस्कूली कहानियाँ" समर्पित करती हूँ।

**शीला सुभद्रा देवी**

**29 04 2025**

# पुरोकथा

कहानी, साहित्य की एक महत्वपूर्ण विधा है। मनुष्य की विकास परम्परा में कहानी का श्रीगणेश हुआ था। आदि मानव के जीवनस्तर से लेकर आधुनिक सभ्य मानव तक कहानी चलती ही रही है। अतः, कहानी को परम्परागत और कालगति से पूर्ण एक सजीव जीवन का दर्पण मानना उचित लगता है।

भारतीय भाषाओं में हिंदी के बाद अधिक बोली और समझी जानेवाली भाषा तेलुगु ही है। इसका इतिहास हजारों वर्ष का है। हिंदी के साथ तेलुगु का नाता भी अनेक वर्षों का है। कारण है कि तेलुगु और हिंदी दोनों भाषाओं के परस्पर आदान-प्रदान की गरिमा बढ़ती ही रही है। तेलुगु से हिंदी में भी अनेक साहित्यिक विधाओं का अनुवाद होता रहा है और अनेक साहित्यकार अपनी मातृभाषा तेलुगु से हिंदी में कई अनुवाद कर चुके हैं और यह अनुवाद कार्य निरंतर बढ़ता जा रहा है।

अब हमारे सामने एक अनूदित कहानियों के संकलन की चर्चा है। श्रीमती शीला सुभद्रा देवी तेलुगु की प्रमुख लेखिका, कवयित्री , समीक्षिका और मूलत: अध्यापिका हैं। इन्हों ने तेलुगु में अपनी कारइत्री प्रतिभा के लिए अनेक पुरस्कार प्राप्त किये हैं। इनकी एक कहानी संकलन “इस्कूलु कतलु” है, जिसका तेलुगु पाठकों ने विशेष स्वागत और आदर किया है।

‘इस्कूलु कतलु” (इस्कूली कहानियाँ) श्रीमती सुभद्रा देवी के निजी अनुभवों और अनुभूतियों से पूर्ण हुई हैं और इन में उनके अध्यापन जीवन में देखे अनेक विसंगतियों का भावोद्वेगपूर्ण उल्लेख किया गया है। लेखिका के उम्र भर के अध्यापन अनुभव में देखे हुये छात्र-छात्राओं के जीवन के संख्यानेक अनुभवों, संकटों का वर्णन है। लगता है कि लेखिका ने अपने अंतर्मन से नि: सृत वेदना के स्वरों को अक्षरबद्ध किया है।

“इस्कूलु कतलु” तेलुगु कहानी संकलन का डॉंक्टर गणेश राम अनुवेदी ने हिंदी में अनुवाद किया है। उन्हों ने संकलन का ‘इस्कूली कहानियाँ’ नामकरण करके संकलन की शोभा बढ़ाई है।

डॉंक्टर गणेश राम हिंदी भाषा के मर्मज्ञ पंडित होने के साथ-साथ तेलुगु के अनुवाद क्षेत्र के साधक हैं। उनके कई अनुवाद इत:पूर्व मुझे पढ़ने का मौका भी मिला है। गणेश जी के आकुल अंतर में तेलुगु और हिंदी के प्रति कुछ न कुछ करके दिखाने का श्रेय भी है। जिसे उन्होंने इस संकलन के द्वारा आविष्कार किया है।

गणेश जी के अनेक कविता अनुवाद बहुत पहले से ही हुये हैं और उन में उनकी अपनी एक शैली के भी दर्शन होते हैं। मूल लेखक की अंतरात्मा तक पहुँचकर अनुवाद

करते हुये उसे सार्थक बनाना ही उनका लक्ष्य है। अत: उनके अनुवाद बिल्कुल मूल रूप-से ही लगते हैं। उनके अनुवाद मूल लेखक के चिंतन तक पहुँचने का प्रयत्न करने में सफल हुये-से लगते हैं। इसलिए इनके अनुवाद का विशेष स्वागत भी हुआ है।

"इस्कूलु कतलु" का हिंदी अनुवाद पढ़ने के लिए गणेश राम जी ने मुझ से अनुरोध किया है। एक सहृदय बंधन के नाते उन्हों ने मुझे मूल तेलुगु और हिंदी की पाण्डुलिपि भी दी है। मैं ने पहले तेलुगु मूल पढ़ने का निश्चय किया। तदुपरांत हिंदी अनुवाद पढ़ना शुरू किया। हिंदी अनुवाद बिल्कुल मुझे मूल यथार्थ-सा ही लगा विशेषत:, उनका अध्यवसाय हर पृष्ठ पर अंकित हुआ-सा लगा। कारण है कि उनका लक्ष्य मूल लेखिका की आत्मा की पहचान अपने अनुवाद में आविष्कृत करना है। अत: इनका प्रयास सफल एवम सजग बन गया है।

अनुवाद के क्षेत्र में, हिन्दी से तेलुगु और तेलुगु से हिंदी अनुवाद करनेवाले श्री गणेश राम निरंतर इस पथ पर अग्रसर हैं और इनके कुछ अनुवाद प्रकशित भी हुये हैं। इनके अनुवाद मूल लेखक के चिंतन तक पहुँचने का प्रयास करने में सफल हुये हैं। इनकी अनेक कवितायें तेलुगु से हिंदी में अनूदित हुई हैं जिनका पाठकों ने विशेष स्वागत किया है।

'इस्कूली कहानियाँ 'हिंदी में पढ़ने का मौका मुझे श्री गणेश राम ने दिया है और मूल लेखिका का तेलुगु संकलन भी मुझे प्राप्त हुआ है। मैं ने कहानियाँ पहले तेलुगु में पढ़ी और बाद में उन का हिंदी अनुवाद। तो, लगा कि मैं अनुवाद नहीं पढ़ रहा हूँ बल्कि मूल रूप के मैं बहुत अधिक समीप हूँ।

अनुवादक के लिए आवश्यक लक्षण श्री गणेश राम के पहले से ही हैं क्यों कि वे हिंदी और तेलुगु के निष्ठापूर्ण पाठक हैं। वैसे तो उनकी मातृभाषा तेलुगु है। उन्हें " इस्कूलु कतलु" का हिंदी अनुवाद करने की बड़ी इच्छा हुई और अत्यंत निष्ठा एवम अध्यवसाय के साथ उन्हों ने इनका अनुवाद कार्य सम्पन्न किया।

गणेर्श राम जी का भावुक मन कहानियों पर केंद्रित लगता है जिसका प्रत्यक्ष प्रमाण 'इस्कूली कहानियाँ' में है। उन्हों ने कहानियों के पात्रों को मन से अवगत करके अनुवाद कार्य सुसम्पन्न किया। शायद अनुवाद करते समय उन्हें अपने स्कूली जीवन की यादें ताजा हो आई हों।

कुल तीस कहानियों का "इस्कूलु कतलु" तेलुगु का उत्तम कथा संकलन है। इन कहानियों में मूल लेखिका ने तेलुगु की प्रान्तीय बोली के अनेक शब्दों का प्रयोग किया है, जिनका हिंदी में अनुवाद करना आसान बात नहीं है। लेकिन गणेश राम जी ने अत्यंत कुशलतापूर्वक उन तेलुगु शब्दों और प्रयोगों का हिंदी में प्रस्तुत करने का सफल प्रयत्न किया

है जिस में उनकी जिजीविषा स्पष्ट होती है। यह उनकी निष्ठापूर्वक साधना मानना अत्यंत उचित लगता है। हर पृष्ठ में उनकी सकारात्मकता सम्पन्न हुई है।

मेरी शुभ कामना है कि गणेश राम जी की तत्परता, अध्यवसाय और निष्ठा का विकास निरंतर होता रहे और भविष्य में उनके संख्यानेक अनुवाद भारत भारती के लिए मणिहार बनें। एतदर्थ मैं इस संदर्भ में उनका साधुवाद मानता हूँ।

**14 12 2024** **डॉक्टर. एच एस एम कामेश्वर राव**

## ~ मेरी बात ~

अध्यापिका नहीं होती तो सम्भवत: मैं अपने ही अंदर कुण्डली मारकर बैठ जाती। भले ही नौकरी में भर्ती होने के पहले से ही मैं रचनायें करती थी, भले ही तब तक दो कविता संकलन प्रकाशित करवाये गये हों, बहुधा साहित्य का अध्यवसाय होता रहा हो, मेरा मंतव्य है कि मेरे अक्षर कमरे की चार दीवारों के दायरे में ही बवंडर लगाते रह जाते।

साहित्य के अध्यवसाय ने मुझे सोचने की शक्ति दी जब कि नौकरी जीवन ने उस सोच को नया दृष्टिकोण प्रदान किया है।

अध्यापिका के रूप में पाठशाला में, मैं ने कक्षाओं में विद्यार्थियों के नेपथ्य, विविधता भरे कई विधि-विधान देखे। पेशेवर जीवन में हम अध्यापकों द्वारा करवाई गई जनगणनायें, 0-14 के आयुवाले बच्चों की गणना, जात-पात,आर्थिक एवम उपाधि सर्वेक्षणों की बदौलत,मैं ने गरीबी के विभिन्न पार्श्व देखे। एक महानगर के बीचोंबीच भी अक्षरशून्य जीवन देखे,मौके का फायदा उठा नहीं पानेवाले अमाइक देखे। सरकार द्वारा प्रायोजित नाम मात्र की योजनाओं की जानकारी भी नहीं रखनेवाले गरीब-गुरबे देखे। अंधविश्वासों की दलदल में लगातार धसते जानेवाले देखे। बीसवी शती के पार जाने पर भी रचाये जा रहे बाल विवाह देखे। इस बात को लेकर छटपटाती रही कि अक्षरास्यता के मूल्य से अबोध बालक-बालिकाओं को उद्बुद्ध कैसे किया जाये। आर्थिक रूप से और जात-पात की हैसियत से उपलब्ध आरक्षण की जानकारी के अभाव में अपनी होनहारी और होशियारी को सूपर बाज़ारों और पेट्रोल पम्प आदियों में गिरवी रखनेवाले दिहाड़ी कुली देखकर व्याकुल हुई। इस बात का पता तो मुझे नहीं है कि अध्यापिका के ओहदे से मैं कितनों को जागृत कर सकी लेकिन, मैं अपनी सूझ-बूझ और विचारों के दायरे को बढ़ा जरूर सकी।

मेरे छोटे बड़े भाई कोडवैंटि काशीपति राव को ही देखकर मैं ने जाना है कि अपने छात्र-छात्राओं को नियम पालन का पाठ पढ़ाने की योग्यता वही अध्यापक रख सकता है जिस का नियमबद्ध जीवन हो,जो वक्त का पाबंद हो और स्वयम का अनुशासक हो। मैं ने अपने पेशेवर जीवन में इनका शिद्दत से पालन किया था।

सेवानिवृत्त होने के बाद सोचा था तो कि नौकरी के दौराने मेरे अवलोकनों और अनुभवों को कहानियों का रूप दूँ, लेकिन इस बात को अमल करने में काफी वक्त लगा। इस विचार से किंचित उपेक्षा भी कर दी कि लिखने पर भी उन्हें प्रकाशित कौन करेगा? एक बार "तेलुगु विद्याथी" मासिक के सम्पादक श्री कोल्लूरि वेंकट रमणा से मुलाकात हुई तो उन से प्रसंगवश कहा तो "लिखिये! हमारी पत्रिका में छपवाते हैं" कहकर मेरा हौसला बढ़ाया तो बड़े उत्साह से पंद्रह कहानियाँ लिखने को सोचकर नौकरी में भर्ती होने से लेकर

सेवानिवृत्त होने तक एक लीक पर तीस कहानियाँ लिखीं। ये तीसों कहानियाँ "तेलुगु विद्याथी" में प्रकाशित की गईं थी।

इन कहानियों के प्रकाशित किये जाने के दौरान कुछ स्कूलों के अध्यापक उन्हें अपने विद्यार्थियों द्वारा पढ़वाने के साथ-साथ उन से मुझे फोन भी करवाते रहे जिस से मैं बेहद खुश होती थी। प्राप्र प्रतिक्रिया मेरे उत्साह को बढ़ाया है। इस्कूलु कतलु प्रकाशित करने के लिए "तेलुगु विद्याथी" के सम्पादक श्री कोल्लूरि वेंकट रमणा को मैं धन्यवाद अर्पित करती हूँ।

इन में से पहली कहानी 'एक ही थान के टुकड़े' को 2018 से महाराष्ट्र प्रशासनिक पाठशालाओं की सातवीं कक्षा के विद्यार्थियों को द्वितीय भाषा तेलुगु वाचिका "बाल भारती" की पाठ्य प्रणाली में शामिल की गई है। इस के लिए महाराष्ट्र प्रशासनिक पाठशाला संचालकों और सम्पादक मण्डल को मेरा धन्यवाद।

'इस्कूलु कतलु" लिखने का विचार मेरे बड़े भाई के सामने रखा तो उन्हों ने मेरे हौसले की आफज़ाई ही नहीं की बल्कि जब भी मिलें वाकिफ भी किया करते थे कि कहाँ तक आई हो? भाई साहब ने भी अपने कई स्कूली अनुभवों को कहानियों का रूप भले ही दिया हो, पता नहीं क्यों वे उन्हें पुस्तक रूप नहीं दे पाया। यही कहकर इस तरह एक ही अंश को लेकर लिखने में मेरी आसक्ति और उत्साह बढ़ाये।

पहले से ही मैं सोचा करती थी कि अगर मैं अपने स्कूली अनुभवों को कहानियों का रूप दूँ तो उस पुस्तक को अध्यापक और कहानीकार रहे मेरे बड़े भाई काशीपति राव ही को समर्पित करूँ। लेकिन, मेरे विचार के कार्यरूप धारण करने में और प्रकाशित करने में हुये विलम्ब के कारण "इस्कूलु कतलु" को छोटे बड़े भाई मरणोपरांत समर्पित किया।

मेरी इन कहानियों में अरुंधती मात्र मैं ही नहीं हूँ। वेतन के लिए या वक्त काटने के लिए न होकर किंचिन्मात्रा में ही सही विद्यार्थियों के भविष्य के बारे में, उनकी प्रोन्नति के बारे में सोचनेवाला हर एक अध्यापक अरुंधती और गौरी ही हो,यही मेरी अशा-आकांक्षा है।

तेलुगु भाषा में प्रकाशित मेरी इन "इस्कूलु कतलु" को पढ़कर डाँक्टर गणेश राम जी ने यह कहते हुये बड़ी ही श्रद्धा और लगन के साथ इन्हें हिंदी में अनूदित किया है कि "इन कहानियों की कथावस्तु किसी प्रांत के विद्यार्थियों या पाठशालाओं की नहीं है, प्रत्युत गरीब बच्चे पढ़नेवाली प्रत्येक पाठशाला में ऐसे दृश्य और घटनायें देखने को मिलती हैं"। इस तरह मेरी कहानियों को तेलुगु इलाके की सरहद पार ले जानेवाले डाँक्टर गणेश राम जी को दिल से धन्यवाद करती हूँ।

**हैदराबाद** **- शीला सुभद्रा देवी**

# अनुवाद

भाषाओं और सीमाओं के आर-पार विचारों, संस्कृतियों एवम साहित्यिक कृतियों के आदान-प्रदान की सुविधा उपलब्ध कराते हुये अनुवाद विश्व साहित्य के विस्तरण में अहम भूमिका निभाता आ रहा है। अनुवाद विभिन्न संस्कृतियों और भाषाओं में सर्जित साहित्य के अध्ययन-अध्यापन की सहूलियत देते हुये सांस्कृतिक खामियों को पाटने में दोहद देता है। साहित्यिक विचारों, कथावस्तुओं और शैलियों के विश्व स्तर पर लेन-देन करते हुये विश्व साहित्य को सुसम्पन्न करता है। अमुक संस्कृति के साहित्यिक विरासत को अन्यों के साथ साझा करते हुये भाषिक और सांस्कृतिक सरहदें पार करने में साहित्य के कदम से कदम मिलाता है। अनुवाद सांस्कृतिक विभिन्नता का संवर्धन करता है। चूंकि,लेखक-साहित्यकार अपने प्रेरणा-प्रोत्साहन हेतु अनूदित सामग्री का सहारा लेते रहते हैं, अनुवाद नई साहित्यिक विधाओं का मार्ग प्रशस्त करता है जिस से नये साहित्यकार उद्भूत होते हैं।

संक्लिष्ट विचारों और भावनाओं को स्रोत भाषा से लक्ष भाषा के पार पहुँचने में अनुवाद भाषा और संस्कृति विशेष की अर्थच्छाया, संदर्भ और सांस्कृतिक अनोखेपन को हानि पहुँचा सकता है । उद्दिष्ट अर्थ और भाव अवगत कराने में अनुवादक को सांस्कृतिक भिन्नताओं और अर्थच्छायाओं के दौर से जरूर गुजरना पड़ता है।

जहाँ तक हो सके उपर्युक्त तथ्यों को मद्दे नज़र रखकर आपके अनुवादक ने "इस्कूल्ली कहानियाँ" सुधी पाठक आपके सामने रखने का प्रयास किया है।

**डाँक्टर गणेश राम अनुवेदी**
**26 04 2025**

# Table of Contents

# इस्कूली कहानियाँ

तेलुगु मूल

श्रीमती शीला सुभद्रा देवी

हिंदीकरण

डॉक्टर गणेश राम अनुवेदी

# 1

# एक ही थान के टुकड़े

"टीचर, टीचर! तब से यादगिरी क्लाँस में ओर्रा रहा है टीचर" पाँचवीं कक्षा के दो बच्चे दौड़ते हुए अरुंधती के पास आए।

उनका कहना सुनते ही उस के पीरियड वाली घंटी बज जाने से दो मिनिट पहले ही उसी क्लाँस से स्टाँफ रूम आई हुई अरुंधती के दिल की धड़कन बढ़ गई तो तुरंत फिर उसी क्लाँस रूम में गई। टीचर को देखते ही पूरा क्लाँस चुप हो गया। अरुंधती ने पूरे क्लाँस में नज़र दौड़ाई। कोई हलचल नहीं है। उसे बुला लानेवाले बच्चों की ओर देखकर "यादगिरी कौन है" अरुंधती ने पूछा।

बच्चों के इशारे पर उस तरफ देखा तो एक लड़का खड़े होकर मंद- मंद मुस्काने लगा।

इतने में अगले पीरियड की टीचर सावित्री "अभी लेसन पूरा नहीं हुआ क्या अरुंधती?" पूछती हुई आई।

उसे हड़बड़ी में फिर क्लाँस में क्यों आना पड़ा उसका बयान करती हुई, "बच्चों ने यादगिरी ओर्रा रहा है कहा तो पता लगाने आई हूँ" कहकर क्लाँस से बाहर आकर "यह ओर्राना क्या होता है?" अरुंधती ने खुसुर-फुसर की।

सावित्री ने हँसकर "शोर मचाना या चिल्लाना ..." समझाया।

"उफ्फ, मैं ने कुछ और ही समझा" अरुंधती हँसती हुई वहाँ से निकल आई।

शादी के बाद पहली बार हैदराबाद आई अरुंधती अभी वहाँ की तेलुगु की आदी नहीं हुई।

स्टाँफ रूम आकर कापियाँ ठीक करने बैठ कर कुछ और सोच में पड़ गई।

अरुंधती को अचानक अपने बचपन के स्कूल की हिंदी टीचर की याद हो आई। वे विद्यार्थियों पर गुस्सा किया करती थीं कि बच्चे बाकी विषयों पर जितना ध्यान दे रहे हैं उतना ध्यान दूसरी भाषा हिंदी पर नहीं दे रहे हैं।

एक दिन उनका गुस्सा हद से बाहर हो गया तो "तुम लोगों के बड़े हो जाने या शादी के बाद कहीं बंबई या दिल्ली जाना पड़ जाए तो वहाँ की भाषा समझ नहीं आई तो परेशान हो जाओगे, थोड़ा सा ध्यान देकर हिंदी भी पढ़ो" कहकर सब को झिड़काई।

उसका कहना सुनकर सब लड़कियाँ 'हमें उतनी दूर जाने का न तो मौका आएगा और न ही जरूरत पड़ेगी' दबी-दबी कहकर आपस में खिलखिला गई।

वह बात याद आई तो अरुंधती स्टाँफ रूम में बाकी टीचरों से "जैसे मेरे बचपन में हिंदी टीचर ने कहा मुझे सिर्फ हैदराबाद आना ही नहीं पड़ा बल्कि इस स्कूल में नौकरी मुकर्रर भी हुई। तब तथास्तु देवताओं ने 'तथास्तु तथास्तु' कहा होगा" कहकर मुस्काई। स्टाँफ रूम में बैठे टीचर कहकहा लगाकर हँसे।

अध्यापन का प्रशिक्षण पूरा करने के बाद सर्वप्रथम अरुंधती को इस स्कूल में नौकरी लगी। यहाँ बहुत से अध्यापक और विद्यार्थी भी अल्पसंख्यक वर्ग के हैं। इतना ही नहीं बल्कि छात्र-छात्राएं बहुधा मेहनत-मजदूरी करनेवाले माँ-बाप की संतानें हैं। इस वजह से उनकी भाषा समझ पाना अरुंधती के सामने बड़ी समस्या बनकर खड़ी हुई।

नई भर्ती होने के कारण अरुंधती को शुरुआती दर्जे आबंटित किये गये। इस से समस्या और गहरा गई। वह हमेशा परेशान हुआ करती थी कि बच्चे उस के पढ़ाए पाठ समझ पा रहे हैं या नहीं।

इस सिलसिले में अरुंधती के साथ ही नौकरी में शामिल सावित्री उस की थोड़ी सी मदद किया करती थी।

एक दिन अरुंधती तीसरी कक्षा में गई। शिद्दत के साथ रोज स्कूल आनेवाला राजू उस दिन नहीं आया तो अरुंधती ने बाकी बच्चों से पूछा "आज राजू क्यों नहीं आया?"

इतने में कुर्ते के किनारे से आँसू पोंछते हुए राजू धीरे- धीरे क्लाँस में दाखिल हुआ।

"इतनी देर क्यों कर दी?" अरुंधती उस पर बरस पड़ी।

राजू ने सर झुकाकर "बापू चला गया तो अम्मा ने इस्कूल ना जा, घर पर ही रहकर छोटी बहन का ख्याल कर बोली, लेकिन मैं इस्कूल जाऊँगा बोलकर चला आया टीचर" बीच-बीच में फफकते हुए राजू ने कहा।

"अय्यो, क्यों आया है। घर पर ही रहना था न" हड़बड़ाती किंकर्तव्य विमूढ होकर अरुंधती ने बगल वाली क्लाँस में ही पढ़ा रही सावित्री को बुलाया।

" सावित्री! राजू उसका बापू चला गया है,उसकी माँ घर पर ही रहने के लिए कहने पर भी यह स्कूल चला आया कह रहा है। अब मैं क्या करूँ" पूछा।

सावित्री साथ आकर राजू से पूछा "क्या रे! तेरे बाप को क्या हुआ?"

"कुछ ना हुआ टीचर। मेरे बापू काम पर चला गया। अम्मां को कहीं और जाना था। स्कूल मत जा, बहन का जरा ख्याल कर कहा। इस्कूल जाता कहा तो अम्मां ने झिड़काया" राजू ने बताया।

सावित्री हँसती हुई "बात-बात पर इस तरह घबरा क्यों जाती हो अरुंधती! राजू का पिता काम पर गया है" समझाया।

"अभी मैं यहाँ की जुबाँ से आदी नहीं हुई। इसीलिए घबरा गई" कहती अरुंधती लजा गई।

तब से लेकर अरुंधती विद्यार्थियों के बात करने के दौरान उन के हर एक शब्द को बड़े ध्यान से जाँच-परखने लगी।

पढ़ाने के दौरान भी उन से पाठ से संबंधित सवाल बार-बार पूछती हुई अपने आप को सुनिश्चित कर लेती थी कि बच्चे पूरी बात समझ गए। उस के बाद ही सवाल पूछकर उनका जवाब सुनती थी।

जैसे-जैसे सुनती गई वैसे-वैसे अरुंधती को उन की जुबाँ की खूबसूरती फबने लगी। इतना ही नहीं वह भी छात्र-छात्राओं से उनकी ही जुबाँ में बतियाने की कोशिश करने लगी। साथ-साथ उन से बात करते-करते हिंदी और उर्दू के शब्दों को भी धीरे-धीरे सीखना भी शुरू किया।

बच्चों को भी अरुंधती के इलाके की जुबाँ नई लगी तो वे भी उस से बारंबार पूछा करते थे। शुरू-शुरू में जितना भी विस्तार से समझाए वे समझ नहीं पाते तो खीज कर गुस्सा हो जानेवाली अरुंधती होते-होते आप बीती के आधार पर अपने आप में निखार ला सकी।

यह बात अरुंधती को अनुभवैकवेद्य हुई कि जैसे वह उनकी जुबाँ को अन्यथा समझती थी उसी तरह वे भी उसकी जुबां को कुछ और समझ लेते थे।

उस महीने की तनख्वाह लेकर अरुंधती सावित्री और फातिमा को साथ लेकर शापिंग करने गई।

## एक ही थान के टुकड़े

नई खुली उस बड़ी सी दुकान को देखकर अरुंधती चकित रह गई। उस में थानों भर के तरह-तरह के डिजाइन वाले कपड़े देखकर तीनों सहेलियों ने हँसी मजाक में उन्हें साड़ियों के रूप में लें तो कैसे रहेगा, ठिठोली की।

उनकी बातें सुनकर सेल्स गर्ल ने उन्हीं थानों से सिलाई डिजाइनर ड्रेस निकाल कर दिखाया। यह बात उन्हें बहुत अच्छी लगी कि इस कपड़े से लहँगा,चुनरी, साड़ियाँ और चुड़ीदार भी सिलवाए जा सकते हैं।

तुरंत सावित्री ने अपने लिए साड़ी के लिए अटनेवाला कपड़ा नपवाकर लिया। अरुंधती भी गाँव में रहनेवाली अपनी बहन के लिए लहँगा-ओढ़नी के लिए कपड़ा कतरवाकर, उसकी बहन भी उसी की लंबाई की रहती है कहकर वहाँ के दर्जी को माप दिलाया। उसका रंग और डिजाइन अच्छा लगा तो उसी थान में से फातिमा ने भी अपने लिए सूट का कपड़ा निकलवाकर सिलाने उसी दर्जी को दिया।

तीनों की तीनों सहेलियों द्वारा एक ही थान के कपड़े से तरह-तरह के कपड़े सिलवाने के लिए संयोग से लिये जाना ध्यान में आकर मन भर आया तो अरुंधती ने सोचा कि -

'प्रांतों, भाषाओं और ज़ुबानों के अलग-अलग होने पर भी हम सब एक ही थान के टुकड़े हैं। छात्र-छात्राओं को इस एकता सूत्र का पाठ पढ़ाने वाले भी हम ही हैं'।

अपनी इस भावना को अपने ही में दबा न सकी तो अरुंधती ने सहेलियों के सामने पेश किया तो फातिमा और सावित्री ने भी ' हाँ अरुंधती ! हमारे मन में भी यही बात आई' कहा तो तीनों ने एक दूसरे से हाथ मिलाकर आत्मीयता के साथ मन भर हँसा।

# 2

# यह रास्ता कहाँ ले जाएगा

"माँ मिकी माउस"कहती हुई एक बच्ची अपनी माँ का हाथ खींचती हुई शैतानी कर रही है तो माँ बच्ची को लेकर उस तरफ  गई।

फंक्शन हाँल में प्रवेश करते ही अरुंधती की आँखों के सामने यह दृश्य आया कि मिकी माउस खुद आकर उस बच्ची से करचालन कर रहा था तो वह फूले नहीं समा रही थी। मिकी माउस ने उस बच्ची को बाँय करके अरुंधती के पास आकर हाथ बढ़ाया कि वह भी उस के साथ करचालन करे।

शोभा के साथ बात करती हुई अरुंधती ने मिकी माउस की आँखों में देखा तो उस की आँखें टिमटिमाई। इतने में ही कोई और बच्चा आया तो मिकी माउस उस की तरफ़ चला गया।

"शादियों के दिन का मतलब ही आग उगलनेवाली गरमी होता है। इस के साथ उस भेस में... बेचारे... कैसे बर्दाश्त कर पाते हैं" अरुंधती ने मिकी माउस की तरफ तरसती आँखों से देखा।

"इतनी देर क्यों कर दी री?" कहती हुई दूल्हे की माँ जो अरुंधती के बचपन की सहेली भी है उसे पहली पंक्ति में बैठने के लिए बुलाती हुई अरुंधती के पास आई। यह देखकर वहाँ आसीन आमंत्रितों को पानी पिलानेवाली लड़की झट से बगल में हट जाने की कोशिश की।

"थोड़ा सा पानी पिला बेटी" कहकर अरुंधती ने हाथ बढ़ाया तो वह लड़की पानी की गिलास हाथ में लेकर सामने आई। उस लड़की को परख-देख कर अरुंधती अचरज में पड़ गई। वह अपने स्कूल में आठवीं पढ़नेवाली कमला है! स्कूल यूनिफार्म में छोटी दिखनेवाली कमला साड़ी पहनकर जूड़े में सामने आई तो अरुंधती  उसे तुरंत पहचान न सकी। शादीखाने में दो-चार लड़कियाँ एक ही तरीके के रूपालंकार में सब लोगों को जलपान करा रही हैं। उन में से एक है कमला।

“कमला! तुम यहाँ कैसे? कहती हुई खाली गिलास उस के हाथों में पकड़ी तश्तरी में रखती हुई अरुंधती ने पूछा।

“हाँ टीचर! कैटरिंगवाले हमारी बस्ती में ही रहते हैं। वे किसी भी फंक्शन के लिए कैटरिंग करें, आमंत्रितों से जलपान कराना जैसे कामों के लिए हमें ले जाते हैं टीचर” बताकर दूसरी तरफ बैठे लोगों को पानी पिलाने चली गई।

“इम्तहानों के दिन नजदीक आ रहे हैं। ये बच्चे इस तरह फंक्शन के कामों के लिए चले आते हैं तो पढ़ाई का क्या होगा?” अरुंधती सोच में पड़ गई।

तब तक वहीं खड़ी रही शोभा ने “इस के पहले भी मैं ने एक-दो पार्टियों में इस तरह पढ़ाई की उम्र के बच्चों को देखा था। वहाँ देखा था न? ऐसे बच्चे ही कार्टूनवाली भूमिकायें भी निभाते हैं। इन के लिए यह आम बात है। पूरे घरवाले काम-धंधे करते रहते हैं। नहीं तो घर-गृहस्थी चलेगी कैसे? यह तो साधारण सी बात है न!” कहा।

इस के पहले भी स्कूल में कोई कह रहा तो अरुंधती ने भी यह बात सुन रक्खी थी। अब की साक्षात देखा तो उस का मन दुःख से कराह उठा। गेट के पास करचालन करने हाथ बढ़ानेवाला मिकी माउस झट से याद आया। कहीं वह कमला का बड़ा भाई नरेंदर तो नहीं है?” उस की आँखें मिकी माउस को ढूंढने लगीं। कमला दिखाई देती है तो उस से भी पूछा जा सकता है,सोचकर हॉल के चारों ओर नजर दौड़ाई।

कल से स्कूल में चलनेवाली दसवीं कक्षा की परीक्षाओं के लिए मेजों पर नंबर डालने का काम हेड मिस द्वारा सौंपे जाने की बात याद आई तो अरुंधती तुरंत उठकर खाना खा लिया और नए दंपति को आशीर्वाद देकर बाहर चली आई।

फंक्शन हॉल से बाहर आ रही थी तो वहाँ बच्चों के साथ खिलवाड़ कर रहा मिकी माउस नमूदार हुआ। गेट के पास खड़े आटो को इंतजार करने के लिए कहकर अरुंधती मिकी माउस के पास आई। उसे देख कर बगले झाँकते हुए दूसरी तरफ निकलने की कोशिश करनेवाले मिकी माउस को हाथ पकड़कर रोककर “कहीं तुम नरेंदर तो नहीं हो?” अरुंधती ने पूछा।

लगा कि “हाँ” में सर हिलानेवाला मिकी माउस कहकहा लगा रहा है। लेकिन, अरुंधती मुखौटे में छिपे नरेंदर की आँखों की नमी पहचान सकी। उसके हाथों से नरेंदर का हाथ छूट गया।

मिकी माउस दोनों हाथों से दो-दो बच्चों के हाथ पकड़कर दूसरी तरफ चला गया।

‘कल से तेरे एक्जाम्स हैं न नरेंदर’ अरुंधती की बातें उस के गले में ही अटक गईं।

स्कूल आने तक अरुंधती का मन पूरा बेकल हो गया। गरीब बस्तियों में रहनेवालों के बच्चों के स्कूल में पढ़ानेवाली अरुंधती को पता था कि वे दूध के पैकेट बाँटते हैं और लड़कियाँ बर्तन भी करती हैं। लेकिन स्कूल में काफ़ी होशियार और होनहार समझा जानेवाला नरेंदर भी इम्तहान के ठीक पहले इस तरह काम पर आने को मजबूर हुआ – ऐसे हालात पर अरुंधती को दुःख हुआ।

सहयोगी अध्यापकों के साथ नंबर डालने का काम पूरा करके अरुंधती एक्जाँम सेंटर रूम में थकी- हारी सी बैठ गई। एक-एक बात उसकी आँखों के सामने आने लगी –

सरकारी अनुदान प्राप्त पाठशालाओं में अध्यापकों की भर्ती का काम रुक गया। इस वजह से विषय विशेष पढ़ानेवाले अध्यापक कम हो गये तो परीक्षाओं में अच्छे परिणाम नहीं निकल रहे थे। इस बात की उपेक्षा करके शिक्षा विभाग वाले परिणामों को लेकर मेमो पर मेमो जारी करते रहते हैं। इस झंझट से बचने के लिए दसवीं कक्षा की क्लाँस टीचर होने के नाते अरुंधती हर साल क्लाँस में सब से अच्छी तरह पढ़नेवाले दस बच्चों को चुनकर उन के स्कूल के पास ही चलनेवाले कोचिंग सेंटर वालों से बात करके नाम मात्र के फीज पर उन्हें चार महीनों के लिए पढ़ाने का बंदोबस्त किया करती है।

जान-पहचान के लोगों से चंदा लेकर, थोड़े से पैसे खुद देकर अरुंधती ने इस साल भी दस बच्चों को कोचिंग सेंटर में दाखिला दिलवाया। अरुंधती की उम्मीद थी कि ऐसा करने से जिन विषयों को पढ़ाने के लिए अध्यापक नहीं हैं, उन विषयों में भी अच्छे परिणाम निकल सकते हैं।

बात ऐसी थी तो दो महीने बाद नरेंदर का स्कूल आना कम होता गया। पता भी चला कि वह कोचिंग सेंटर से भी गैर हाज़िर होने लगा। एक दिन स्कूल छूटने के बाद अरुंधती आठवीं पढ़ रही नरेंदर की बहन को लेकर उनके घर गई।

अरुंधती के जाने तक नरेंदर सो रहा था। काम पर गई उस की माँ भी संयोग से तभी वापस आई। अरुंधती ने दोनों को बिठाकर खूब समझाया-बुझाया कि अच्छे नंबर लाकर दसवीं पास करने से छात्र वृत्ति मिलेगी,पेशेवर शिक्षा प्रणाली में दाखिल होने से नौकरी भी जल्दी मिल सकती है। इतना ही नहीं बल्कि कई सरकारी प्रणालियों के बारे में विस्तार से बताया। कायदे से स्कूल और कोचिंग सेंटर जाने के लिए मनाकर वापस आई।

इस हादसे के बाद अरुंधती डरने लगी कि बात साँप सीढी में पासा फिर पहले चौकोर में न आ जाये। उस ने सब को मनाकर,चंदा इकट्ठा करके कोचिंग का बंदोबस्त किया था। नरेंदर थोड़े से ध्यान से पढ़ेगा तो पाँच सौ से ज्यादा नंबर ला सकता है। स्कूल को अच्छी सी रैंक प्राप्त होती है तो 'पढ़नेवाले बच्चे हैं' कहकर स्कूल के लिए नए अध्यापक आबंटित

करने के लिए शिक्षा विभाग पर दबाव भी डाला जा सकता है – अरुंधती की इन आशाओं पर लगता है कि पानी फिरता जा रहा है। उस पर मायूसी छाने लगी।

स्कूल में एग्जाँम सेंटर वाला काम पूरा होने तक दिन ढल गया। अरुंधती ने हेड मिस को भी सारी बात बताई। एक फैसले पर पहुँचकर अटेंडर को उस के साथ भेजने के लिए हेड मिस से पूछकर अरुंधती नरेंदर के घर की ओर निकली।

जाने तक वहाँ हुड़दंग मचा हुआ है। नरेंदर और कमला एक कोने में मुँह लटकाकर बैठे हुए हैं। उनकी माँ एक तरफ रोती हुई किसी को गालियाँ सुना रही थी। वहाँ इकट्ठे लोग-लुगाई आपस में जो भी जी में आएं कहते जा रहे हैं।

अरुंधती ने थोड़ी दूर खड़ी होकर चपड़ासी को वहाँ भेजा। वह नरेंदर और कमला को बुला लाया।

अनतिकाल में चुनाव होनेवाले हैं। दो महीने से नरेंदर का बाप बस्ती वाले नेता के साथ कैंवासिंग काम में इधर-उधर घूमता रहा। वह सभा-बैठकों के लिए लोगों को इकट्ठा करनेवाले काम में बस्ती नेता का हाथ बाँटने में लगा हुआ है। अमूमन हमेशा करनेवाला काम छोड़कर इसी काम में आकंठ डूबा हुआ है। अब रोजाना पैसा हाथ लगने से नशा करना ज्यादा हो गया – चपड़ासी ने पूरा चिट्ठा खोला।

नरेंदर मायूस चेहरे से "मेरी माँ को तीन दिन से बुखार चल रहा है। घर में खाने को दाना भी नहीं है,बाप दिन भर नशा करके माँ को बहुत मार रहा है। माँ की दवा के लिए या दाना-पानी में काम आयेंगे मानकर हम काम पर जा रहे हैं टीचर! बापू हमारे कमाए पैसे भी ऐंठ कर ले गया। रोकने की कोशिश की तो माँ को खूब मारा" कहा।

तब तक अरुंधती की सोच इसी बात तक सीमित थी कि इम्तिहान देकर नरेंदर अच्छे नंबर लाएगा जिस से स्कूल का नाम रोशन होगा। अब किसका नाम रोशन हो? नरेंदर के परिवार का या खुदगर्जी के लिए गरीब-गुरबों को नशा चढ़ाकर वोट इकट्ठे करनेवाले नेताओं का? समस्या कहाँ है पता नहीं चल रहा।

कुछ नहीं सूझा तो बैग में से सौ रुपए का पत्ता निकालकर नरेंदर के हाथ में थमाकर "माँ के लिए दवा लेकर पिला" कहकर वहाँ से निकल आई।

# 3

# परान्न जीव

स्कूल में नया चेहरा सा दिखाई दिया है तो "वह कौन है?" अरुंधती ने सामने से आ रही क्लर्क सरिता से पूछा। अरुंधती दो हफ्तों का रिफ्रेशर प्रशिक्षण पूरा करके उसी दिन स्कूल वापस आई।

"वह सरोजिनी है। अनाथ आश्रम चलाती है। आश्रम के बच्चों को स्कूल में भर्ती किया है। फीज भरने आई होगी" सरिता ने बयान किया।

गले में काले मनकों का हार डाले अलग से कुछ खास दिखाई दे रही है वह महिला। लगता है कि दिखा-अनदिखा सा पतला सा हार भी है। हाथों भर लाल मिट्टी की चूड़ियाँ हैं। देखते ही लगता है कि वह किसी श्रोत्रिय परिवार की होगी। उस स्कूल में सवर्णों के बच्चों की संख्या उपेक्षा मात्र की होती है। पंचानवे प्रतिशत बच्चे शोषित, अल्पसंख्यक और पिछड़े वर्गों के मेहनत-मजदूरी करनेवाले लोगों के ही हैं। यही कारण है कि उस महिला को देखने से अरुंधती आशंकित हुई।

क्लाँस में नई भर्ती हुई गंगा और श्यामला गणित के प्रोब्लेम आदि तुरत-फुरत पूरा करती हुई अरुंधती की प्रशंशा प्राप्त कर रही हैं। उनकी होशियारी और जीवन स्थिति इन दोनों में अंतर के लिहाज से और यह जानकर कि वे आश्रम की हैं, उन दोनों के प्रति अरुंधती के मन में एक खास प्यार और आदर पनपने लगा।

आश्रम के करीब पच्चीस तक के बच्चे अलग-अलग कक्षाओं में पढ़ रहे हैं। सब बच्चे अच्छी तरह पढ़ते हैं। टीचर समझते हैं कि शायद स्कूल छूटने के बाद आश्रमवाले उन्हें खूब पढ़ाते हों।

"गंगा हाँस्टल में रोजाना कितनी देर पढ़ाते हैं "अरुंधती ने एक बार पूछा।

"पढ़ने के लिए किसी दिन फुर्सत ही नहीं मिलती है टीचर, सब को काम आबंटित किये जाते हैं। दीदियाँ खाना बनाती है। बर्तन करना, कपड़े धोना, कमरों का झाड़ू-पोछा इस तरह हर एक का अपना काम होता है। सब काम पूरा करके रात को पढ़ाई और होम वर्क करते हैं। एक्जाम्स के दिन सत्ती सवेरे उठकर पढ़ते हैं" गंगा ने राई-रत्ती दी।

"ऐसे कामों के लिए अलग से लोग नहीं हैं क्या?" अरुंधती ने आश्चर्य व्यक्त करते हुए पूछा।

"वार्डेन मैडम और आया हैं टीचर। वे बाज़ार से साग-सब्जी और सौदा लाती रहती हैं" श्यामला ने दखल देकर बताया।

"उतनी मेहनत करते हुए भी अच्छी तरह पढ़ रहे हैं तुम लोग!" अरुंधती ने तारीफ की।

"परीक्षा में बिठाकर अच्छे नंबर लाने पर ही हाँस्टल में दाखिला देते हैं" गंगा की आवाज मेंव्यंग उभर आया।

अरुंधती का आश्चर्य दुगुना हुआ। 'अनाथ आश्रम में दाखिला देने के लिए परीक्षा में बिठाने की क्या जरूरत है! मुझे आश्चर्य होता है' साथी अध्यापिका से बतियाती हुई अरुंधती ने कहा।

"वैसे तो होशियार बच्चों को दाखिला देने से ही वे अच्छे नंबर से पास होकर इन लोगों की सामाजिक सेवा को मान्यता दिलाते हैं न?" किसी और अध्यापिका ने व्यंग कसा। अरुंधती को यह बात भी सच्ची लगी।

आश्रम के सब बच्चे अपनी-अपनी कक्षाओं में प्रथम श्रेणी में ही रहते आए हैं। स्पर्धाओं में पुरस्कार भी प्राप्त कर रहे हैं।

कोई दो-चार साल बाद फर्र से बड़ी आवाज करती कीमती स्कूटी चलती हुई स्कूल का गेट पारकर स्कूल के परिसर के अंदर तक आनेवाली उस महिला की अमर्यादा भरे व्यवहार से खीजते हुए भी अध्यापक-अध्यापिकायें उस के रहन-सहन और पहनावे-ओढ़ावे को देखकर अचंभित हुए बिना नहीं रह सके। वह वहाँ रहनेवाले किसी का भी खयाल किए बिना सीधे आँफिस रूम में चली गई।

एक दिन दुपहर तक आश्रम का कोई विद्यार्थी बहुत ही बुखार से तड़पने लगा तो उसे आश्रम में छोड़ आने का काम हेड मिस ने एक टीचर को सौंपा। आश्रम जाकर वापस आई टीचर की बताई बातें सुनकर वहाँ के सब टीचरों को काठ मार गया।

“बुखार से तड़प रहे बच्चे को ले गई तो वार्डेन ने चटाई और चद्दर बिछाकर उस पर लिटाने को कहा। ‘बुखार लगे बच्चे को नीचे लिटाने के लिए क्यों बोल रही हैं‘ हॉल के एक कोने में करीब तीस तक के फोम वाले गद्दे एक के ऊपर एक करीने से तहे रक्खे देखकर पूछा।

‘बाद में लिटाएंगे’ कहकर उस बच्चे से कोई गोली निगलवाकर मेरी ओर ऐसा देखा कि अब आप जा सकती हैं

‘आगे कुछ और कह नहीं सकी तो ‘ड़ाँक्टर को दिखाइएगा’ कहकर चली आई। इसके पहले दसवीं क्लाँस की पद्मा से पूछा गया तो उसने कहा कि किसी व्ही आई पी विजिटरों के आने पर ही वे गद्दे और नए चादर बिछाते हैं कहा। “यह बहुत बड़ा अन्याय है न” उस टीचर ने बच्चों पर रहम खाती कहा।

इस बात पर सब लोगों ने खेद व्यक्त किया। अपने-अपने विचारों में डूब गए।

आश्रम चलानेवाली सरोजिनी किसी राजनैतिक नेता का सम्मान सभा आयोजित कर रही है। एक दिन स्कूल आकार आमंत्रण पत्र दिया तो हेड मिस ने “किसी को फुर्सत हो तो जाइएगा” कहा।

अरुंधती कुतूहलवश सभा में शामिल होने गई। बैठक अभी शुरू नहीं हुई। आश्रम के सारे बच्चे अच्छे और साफ-सुथरे कपड़े पहनकर एक बृंद बनकर आए। अरुंधती को देखकर नमस्कार करके बगलवाली कुर्सियों में ही बैठे।

बैठक शुरू हुई। रंगमंच पर शहर में आर्थिक,आधिकारिक, राजनैतिक और सांस्कृतिक रूप से मान्यताप्राप्त बड़े-बड़े लोगों को आमंत्रित किया गया। सरोजिनी ने विभिन्न क्षेत्रों में नामी-गिरामी व्यक्तियों का सत्कार-सम्मान किया।

तदुपरांत सारे बच्चों को रंगमंच पर आने को बुलाया गया। उन सब को देखकर रंगमंच पर आसीन सब लोगों ने अनाथों के प्रति सरोजिनी के प्यार और प्रतिबद्धता की तारीफों के पुल बांधे।

जिस मकान में आश्रम चलाया जा रहा है उस मकान मालिक ने अनाथों के प्रति सरोजिनी की अंकित भावना देखकर गदगद होकर रंगमंच पर से ही ऐलान कर दिया कि वह उस मकान को सदा के लिए आश्रम के हवाले कर देने का निर्णय ले चुका है।

किसी और अधिकारी ने अपने विभाग की तरफ से बीस हजार रुपयों का चेक भेंट किया।

किसी राजनैतिक नेता ने सरकार की तरफ से सामाजिक सेवा के लिए अवार्ड का बंदोबस्त करने का वादा किया। इस प्रकार सभी प्रमुख प्रशंसाओं के साथ-साथ अपनी वदान्यता की भी नुमाइश लगाये।

सब बच्चे रंगमंच से नीचे उतरकर अपनी-अपनी जगह बैठ गए।

अब आगे वहाँ नहीं रहा गया तो अरुंधती उठकर बाहर निकल आई। बस स्टॉप में खड़ी रही तो उस का मन मसोस होता रहा। बहुत देर तक बस नहीं आई पर अरुंधती ने मोटर गाड़ी में बैठी सरोजिनी को उस के सामने से जाती हुई देखा।

उस साल के आखिर में फ़ीज नहीं भरनेवालों की सूची देकर हेड मिस ने अरुंधती से कहा कि वह सब क्लाँसेस में ऐलान करके फीज वसूल करें। इस सूची में बहुधा आश्रम के बच्चों के ही नाम हैं। अरुंधती ऐलान करके आई।

दो दिन बाद आश्रम का वार्डन एक चेक लेकर आई और चेक अरुंधती को देकर कहा कि सब बच्चों के फ़ीज भरकर रसीद कटवाएं। वह चेक किसी जाति के संघ का दिया हुआ है। स्कूल में उस जाति के बच्चे कम ही हैं। आश्रम के सभी बच्चों के शुल्क से वह रकम कम है। यही बात अरुंधती ने वार्डन को बताई।

"आश्रम के बच्चों के लिए रियायत की सुविधा होती है न? जाकर हेड मिस से पूछिएगा" वार्डन ने इत्तिला दी।

"यह सरकारी अनुदान प्राप्त स्कूल होने के नाते शुल्क कम ही होंगे। तिस पर और रियायत की बात कहाँ से आती? अरुंधती ने बिलकुल साफ कहा। सभा में शामिल होकर आने के बाद आश्रम चलानेवालों पर जो गुस्सा घर कर गया है वह अरुंधती की आवाज़ में गूंज उठा।

चेक लेकर अरुंधती हेड मिस के कमरे में गई। उस के पीछे-पीछे वार्डेन भी आ रही है तो अरुंधती ने "आजकल सरोजिनी जी दर्शन क्यों नहीं दे रही हैं" पूछताछ करती सी पूछा।

"सरोजिनी जी माधापुर में घर बनवा रही हैं। वे उस काम में व्यस्त हैं। इतना ही नहीं गृह प्रवेश के बाद उनकी बेटी की डिलीवरी के लिए अमेरिका भी जानेवाली हैं। व्हीसा का बंदोबस्त भी करवा रही हैं"

"तो फिर आश्रम को यहीं से चलानेवाले हैं या कहीं और शिफ्ट करनेवाले है"

"शिफ्ट नहीं करेंगे। हम लोग उस की देख-भाल कर रहे हैं न" वार्डेन ने कहा।

हेड मिस को इस बात की सूचना देकर चेक उन के हवाले करके अरुंधती रूम से बाहर निकल आई। इतने में घर की घंटी बज गई तो अरुंधती बैग लेकर बाहर चली आई।

बस स्टॉप के रास्ते में कोई शव यात्रा अरुंधती के सामने से गुजरी। मृत शरीर पर मुरों के साथ छुट्टे पैसे भी छितराते हुए शवयात्रा चल रही है। सड़क पर गरीब बच्चे नीचे गिरते छुट्टे पैसों को झपट्टा मार कर उठा रहे हैं।

इस नजारे को देखती हुई जा रही अरुंधती को एकदम सरोजिनी की याद हो आई।

# 4

# आप ही की पढ़ाई पट्टी

रे ! मल्लेश ! ऐसा क्या बेलेंस करके कर रहा है?" अरुंधती की आँखों में ही नहीं बल्कि आवाज में भी घबराहट छलक रही है।

मेज़, उस पर कुर्सी और कुर्सी के हाथों पर एक लकड़ी का तख्ता लगाकर पतलून घुटनों तक तहाकार कुर्ते को सर पर साफा सा बाँधकर मल्लेश  क्लाँस रूम की दीवारों पर ऊपर से नीचे तक सफेदी पोत रहा है। एक हाथ से कहीं न हिल जाये, कुर्सी पकड़कर दूसरे हाथ से सफेदी का डब्बा पकड़कर दूसरा लड़का श्रीनिवास खड़ा हुआ है।

जन्म भूमि कार्यक्रम के अंश के रूप में सारे क्लाँस रूम्स के मकड़ जाल झाड़कर,पानी से पोंछकर,रंगोली बनाते,चार्ट चिपकाते पूरे के पूरे स्कूल में शादी का माहौल बना हुआ है।

"कोई नहीं टीचर, हमारे घर में पहली एकादशी के दिनों मैं ही पेइंट वगैरह का काम करता हूँ, मुझे इन सब बातों की आदत है" मल्लेश ने पूरे आत्मविश्वास के साथ कहा।

लेकिन फिर भी ,अरुंधती के दिल की धड़कन तेज रफ्तार से धड़कती ही रही तो वह मल्लेश की क्लाँस टीचर के पास गई।

"जाल झाड़कर चार्ट चिपका देना काफी है न? दीवारों पर पेइंट लगाने बच्चों को क्यों बताया? गलती से  कुछ का कुछ हो जाता तो हम क्या कर सकते हैं" कहा।

"वे इन सब बातों के आदी हैं, डिस्टेंपर वगैरह वे ही लेते आए। मल्लेश का पिता कहीं घरों में पेंटिंग करने के काम में लगा हुआ है। वहीं से थोड़ा सा लाकर उसे पतला करके लगा रहे हैं। क्लाँस रूम साफ-सुथरा हो तो रहा है न" सरला ने काफ़ी कैजुअल कह दिया।

उस से बहस क्या करना है सोचकर चुप रह जाने पर भी अरुंधती का ध्यान इसी बात पर लगा रहा कि बच्चे कब पेंटिंग का काम पूरा करेंगे।

स्कूल छूटने का वक्त होते ही सब टीचर अपने बैग समेटकर निकल जाने लगे। लेकिन इन चार्ज होने के नाते काम पूरा करने तक अरुंधती को बैठे रहना पड़ा।

आखिरकार मल्लेश और श्रीनिवास पेंटिंग का काम पूरा करके सही सलामत बाहर आए। कहाँ तक काम हुआ है जाँचकर, पूरा नहीं हुआ तो भी जहाँ तक हुआ वहीं उन्हें रोक कर घर भिजवा देने के लिए अरुंधती उन के क्लाँस में गई।

सर पर बाँधा कुर्ता निकाल कर उसे झाड़कर फिर पहन रहे मल्लेश की आँखों में दीवार पर बिखरी सूरज की किरण चमक उठी। उसके चेहरे पर, उसके अंदाजे में अरुंधती को एक तजुर्बेकार कामगार के दर्शन हुए। पता नहीं क्यों उस के दिल में किसी कांटे का चुभन महसूस हुआ। अनमन से ही सब बच्चों को बाहर भेजकर कक्षाओं को ताले लगाने के लिए आया से कहा।

दो हफ्ते बाद सोमवार के दुपहर आधे दिन के लिए आई सरला से उसकी नजदीकी मित्राणी ने "सवेरे क्यों नहीं आई" पूछा।

पिछले शनिवार को उन के स्कूल में जन्म भूमि के काम के दौरान मेरा बेटा दीवार में कीला ठोक रहा है तो हथौड़ा हाथ पर लग गया। भारी चोट आई है। उस के स्कूल जाकर ऐसे काम बड़ों से करवाना छोड़कर सातवीं पढ़नेवाले बच्चों को कुर्सी चढ़ाकर क्यों करवाते हैं? ऐसे काम बच्चों से ऐसे करवा रहे हैं जैसे कारीगरों से कराते हैं, उसके बेटे के स्कूलवालों के बारे में ऐसी बातें कह रही है तो सुनकर अरुंधती 'अपने तक आई तो बात समझ में आई' मानकर मंद मुसकाई। हर हफ़्ते ऐसे हादसे होते ही रहे।

होते-होते एक-एक करके टीचरों का सेवानिवृत्त हो जाना,उनके बदले में नये अध्यापकों की भर्ती नहीं किये जाने से, अंग्रेजी माध्यम के मायाजाल में फ़ँसकर तेलुगु माध्यम की पाठशालाओं में साल-दर-साल दाखिलें कमतर होने लगे। नए टीचरों की भर्ती करने के लिए सरकार तैयार नहीं है।

पचास साल पुरानी पाठशाला शनैः शनैः शिथिल स्थिति को पहुँच रही है। उसे सुरक्षित करके आकर्षक बनाया जाए तो विद्यार्थी दाखिल होंगे – इसी आशा से सारे अध्यापक बैठक बुलाकर इस निर्णय पर पहुँचे कि पुराने छात्रों से चंदे इकट्ठे किए जाएं।

पारिवारिक आवश्यकतावश अरुंधती को छः महीने तक स्कूल से छुट्टी लेनी पड़ी। इस दरम्यान सरला हेड मिस बनी। जैसे इस के पहले निर्णय लिया गया था पुराने विद्यार्थियों

की बैठक सफल होकर कुछ राशि इकट्ठी होने की बदौलत स्कूल की मरम्मत के काम जोर पकड़े।

छुट्टी काटकर अरुंधती के वापस आने तक स्कूल में काफी परिवर्तन दिखाई दिया। उसे देखते ही कुछ विद्यार्थी उसका अभिवादन करने ने लिए सामने आए। बात करने के पूरे दौरान सारे विद्यार्थी अपने हाथ पीठ पीछे ही रखे रहे। उत्सुकतावश परखकर देखा तो सब के हाथों में ईंटें।

"ईंटें किस के लिए रे" आश्चर्य से पूछा।

"गेट के पासवाली दीवार टूट गई न टीचर! बगल वाले घर में काम चल रहा है,वहाँ से उठाकर ला रहे हैं" मासूम से चेहरे लगे हैं उन के।

बच्चों के जाने की तरफ देखा तो वहाँ पच्चीस से ज्यादा ईंटों की ढेर लगी हुई है। " वे सब इसी तरह उठाकर लाए हो?" थोड़ा सा गुस्सा खाकर ही पूछा। बच्चे सर झुकाए खड़े रहे।

पीछेवाले गेट पर कोई और टीचर कुछ विद्यार्थियों को इशारों से कुछ सूचित कर रही है।

इस तरफ से कुछ विद्यार्थी लोहे की सरियाँ पकड़कर उन्हें छुपा-दुराते अंदर ला रहे हैं।

अरुंधती का हृदय झंकृत हो गया। उस टीचर के पास जाकर जुहार किया। "खिड़कियों की सलाखें निकल गई हैं न! इन्हें कटवाकर लगा रहे हैं टीचर" उस टीचर अति ही साधारण सी बोली।

कुछ दिन पहले काफ़ी चंदे इकट्ठे किए थे न? इस तरह बच्चों से चोरी करवाना ... अरुंधती की बात पूरी ही नही हुई,इतने में ...

"वे पैसे काफी कहाँ होंगे? सरकार तो अनुदान प्राप्त पाठशालाओं को किसी प्रकार का उपदान देती नहीं। ऊपर से रेशनलाइजेशन के नाम से गर्दन पर तलवार लटका देती है। जैसा बने वैसा स्कूल को ठीक करना पड़ता तो है न!" थोड़े से गुस्से से वह टीचर वहाँ से निकल गई।

इसी दौरान दूसरे क्लाँस से एक टीचर विद्यार्थी का हाथ पकड़कर घसीटती ले जाती हुई दूसरे हाथ से बेंत सूंत रही है।

"क्या हुआ? क्या हुआ?" कहते क्लाँसवाले कमरों में से झाँक-झाँक कर सब देख रहे हैं।

क्लाँस में भूली हैंड बैग लाने भेजा तो उस में से पाँच सौ रुपए उठा लिये। शंका करके जेब में देखा तो पैसे जेब में ही मिले "गुस्से से आग बबूला हो रही है वह टीचर।

नहीं टीचर! मैं ने चोरी नहीं की। मेरी अम्मा आज स्कूल छूटने के बाद चावल लाने दिए हैं ये पैसे टीचर" टीचर की मार से बचते रोता हुआ कह रहा है वह विद्यार्थी।

चोरी का जुर्म वास्तव में किस का है? पाठशाला में मूलभूत सुविधाओं की उपेक्षा करनेवाली सरकार का है? या कि पक्का बिल्डिंग रहने से नौकरी भी पक्की होगी मानकर कर्तव्य भूलकर बुरी राहों पर चलने को प्रोत्साहित करनेवाले अध्यापकों का है?

अरुंधती सोच में पड़ गई।

# 5

# अंध विश्वास

"तुम्हें बुला लाने के लिए रोज बच्चों की मार्फत खबर भेजती रही हूँ। आज भी सोच रही थी कि तुम आओगी कि नहीं। आदिलक्ष्मी को क्या हुआ? महीने भर के दिनों से स्कूल नहीं आ रही थी। क्लाँस में बच्चे तो आदिलक्ष्मी की तबीयत ठीक नहीं है कह रहे हैं" क्लाँस रूम के चौखट पर खड़ी राजम्मा को देखकर अरुंधती ने कहा। वह अपना क्लाँस पूरा करके स्ताँफ रूम की तरफ जा रही थी। राजम्मा भी उस के साथ हो चली।

"दो महीने से यह छोरी ठीक से खाना नहीं खा रही है। जब देखो तब सोती रहती है । कौन सी बीमारी है कुछ पता नहीं चल रहा। दवाखाने में भी दाखिल किया है। बुखार तो कुछ कम हुआ है। एक बोतल भर का ग्लूकोज चढ़ाया है। घर पर ही अच्छी तरह खिला पिलाकर आराम दिलाने को कहा है डाक्टरनी ने । लेकिन यह छोरी तो वैसी की वैसी ही रही ... राजम्मा कहती जा रही थी।

"डाँक्टर ने टेस्ट वगैरह करवाने के लिए नहीं कहा था क्या?" अरुंधती ने पूछताछ की।

स्कैनिंग वगैरह निकलवाने को कहा था,लेकिन उतने पैसे मैं कहाँ से लाऊँ। कल हमारी बस्ती में किसी ने कहा  तो टोना-टोटका करवाकर ताबीज़ बंधवाने ले गई थी.." राजम्मा की आवाज में मायूसी शाब्दिक हो रही थी।

"टोना-टोटका किस लिए ..." अरुंधती ने आश्चर्य से पूछा।

"तांत्रिक ने कहा था कि आदिलक्ष्मी ने अनजाने में कभी कुदृष्टि आदि को पार किया है। बुरी नजर वाली पूजा वगैरह करवाकर मंतर पढ़वाया है न? देखती हूँ कि अब काम हो" उम्मीद जताई राजम्मा ने।

"कुदृष्टि पार करने का मतलब..." अरुंधती की समझ में नहीं आई।

"वही माँ जी!, शाम ढलने के बाद, अंधेरा छाने को है तो तब नींबू, लाल मिर्च जैसी चीजों से छोटे बच्चों को नजर उतारकर चौरास्ते में फेंक देते हैं, कलमुहें। ऐसी चीजों को बिना देखे कोई पार कर जाता है तो उसे बुरी नजर लग जाती है। सलोनी सी बच्ची को मनोव्यथा लग गई सी हो गई है"। वहीं खड़ी राजम्मा की बातें सुन रही आया ने बयान दिया।

स्टाँफ रूम में बैठकर कापियाँ ठीक कर रही निर्मला यह सुनकर "अरुंधती यह सही है। कुछ लोग तो हल्दी कुंकुम के साथ कुछ और चीजें पुड़िये में बाँध कर आम रास्ते में फेंक देना जैसे तरह-तरह के काम करते हैं। ऐसी चीजों को पार करने वालों को भूत आविष्ट हुवा जैसे हो जाता है" उस की आवाज में डर कांप रहा था।

"बस करो! पढ़ी-लिखी होकर तुम भी ऐसी बोल रही हो..." अरुंधती ने निर्मला की बात काट दी।

"हाऊ टीचर अम्मा! आप ऐसा क्यों कहती हैं टोना-टोटका करने वाले ने भी यही कहा" राजम्मा ने जोर दिया।"

क्या कहा? निर्मला उत्सुक हो उठी।

"पूजा-पाठ करके भगवान के पास के नींबू को मंतर पढ़कर काटने से नींबू के पाटों से खून निकलने लग गया। बुरी नजर नहीं है तो ऐसा नहीं होता कहा" राजम्मा दुःख रही थी।

तभी क्लाँस रूम से कापियाँ लेकर आई दसवीं की मंजुला ने वहीं खड़ी होकर "दो दिन पहले आप ने आम्ल और क्षारों का पाठ समझाते हुए प्रयोग किया था ना टीचर! गुड़हल के फूल को कागज पर घिस कर उस पर नींबू के रस की बूंद डाली तो कागज लाल रंग का हो गया था न टीचर! तब आप ने कहा था कि चाकू को इस तरह पहले ही घिसकर उस से नींबू काटकर मजमा लगानेवाले लोगों को धोखे में रखते हैं कहा न" संभ्रम होती हुई उसकी जानकारी जल्दी-जल्दी सब के सामने जाहिर कर दी।

"हाँ यह बात सही है। नारियल में छेद करके उस में हल्दी कुंकुम भरकर नादान लोग उन के यहाँ जाते हैं तो उसी नारियल को फोड़कर धोखा करते हैं। अनपढ़ होने के नाते कई लोग ऐसी बातें समझ नहीं पाते और अंध विश्वास के मारे बलि जाते हैं" अरुंधती ने मंजुला की तरफ प्रशंशा पूर्वक देखती हुई कहा।

लेकिन राजम्मा और आया ही नहीं बल्कि पढ़ी-लिखी निर्मला टीचर ने भी अरुंधती की तरफ अविश्वास से देखती रहीं।

"ऐसी बात नहीं है अरुंधती! मेरी शादी के नए दिनों में मेरे ससुराल में मेरी बड़ी जेठानी प्रसूति से वापस आने के बाद क्या किया करती थी पता है? स्तन पान करनेवाली

बच्ची की शाम के वक्त नमक से नजर उतार कर उसे बिना किसी के देखे पीनेवाले पानी के मटके में मिला दिया करती थी। रात को खाने के वक्त पानी खारा रहता था। यह समझ कर मैं मटके को रगड़-रगड़ कर धोकर पानी भरा करती थी कि मटके को ठीक से साफ नहीं किया हो। लेकिन फिर भी पानी खारा ही रहता था। मेरी जेठानी रात को छोटे से डबरे से पानी अपने कमरे में अलग से रखती थी। एक दिन नजर उतारकर नमक को पानी में मिला रही थी तो मैं ने उसे रंगे हाथ पकड़ लिया। पता है मैं ने कितना गुस्सा किया है? मैं तो नई-नई सी ससुराल आई थी। कुछ कहा-सुनाया तो उस का अंजाम क्या हो! समझकर मैं भी तब से चुपचाप एक डबरे में पानी भरकर अपने कमरे में रखने लगी" निर्मला ने उन दिनों की डरी-डरी सी याद करती कहा।

सुनकर आया ने "उसे क्योंकर ऐसे बुरे दिन हो अम्मा! भरे-पूरे घर में इस तरह करती थी" कहती उँगलियाँ चटचटाई।

"नज़र उतारनेवालों की स्वार्थ और नीच भावना का जरूर खंडन करना है। खुद की भलाई हो और गैरों की बुराई हो ऐसी सोच की भर्त्सना अवश्य की जानी चाहिए" अरुंधती ने कहा।

इतने में भोजन विराम की घंटी बजी तो एक-एक करके स्टाँफ रूम आकर मसले के बारे में पूछताछ करने लगे।

"तो फिर साफ जाहिर ही है न कि आदिलक्ष्मी को बुरी नजर की वजह से ही ऐसा हुआ है" अरुंधती की तरफ देखकर निर्मला ने सुनिश्चित करना चाहा।

"नजर उतारी गई चीजों को देख कर डर कर जाता है। होते-होते वह मन पर असर करने लगता है। कोई बीमारी हो या कोई दुर्घटना घटी हो तो उसे उसी को आपादित करने तक वह डर बढ़ जाता है। मानव होने के नाते किसी न किसी कमजोर पल में डर के काबू में चले जाते हैं। वही मनोव्यथा बनकर हमें कमजोर कर देता है" अरुंधती ने कहा।

"ऐसी बात है तो फिर आप आदिलक्ष्मी को नजर नहीं लगी कहती हैं क्या" राजम्मा ने पूछा।

"कहा था न? शरीर में शक्ति के कम हो जाने की वजह से बीमार पड़ गई होगी। सारे टेस्ट करवावो। टाइफाइड हो सकता है या पीलिया हो सकता है। नई रजस्वला होनेवाली लड़कियों को रक्त स्राव अधिक होने से रक्तहीनता हो जाती है। अव्वल तो उसे अच्छे डाँक्टर को दिखलाओ"।

"तो फिर ...." अब भी राजम्मा की शंका दूर नहीं हुई।

पढ़ी-लिखी निर्मला के साथ सटाँफ रूम में बैठे कुछ और टीचर भी जो अपने-अपने अनुभवों के बारे में बतिया रहे थे रुककर सवालिया नज़र से अरुंधती की तरफ देखने लगे।

“लगता है कि तुम्हारी शंका अभी दूर नहीं हुई राजम्मा! निरक्षरास्यता ही नहीं बल्कि मानसिक कमजोरी के कारण भी ऐसे अंध विश्वास बढ़ रहे हैं। होशियारी और सोच-समझ बढ़ाई जाए तो शंकायें अपने आप फ़ट जाती हैं जैसे हवा के मारे बादल छंट जाते हैं” स्वगत कहकर रजम्मा की तरफ़ मुड़कर “आदिलक्ष्मी को फीवर अस्पताल ले जाकर उसके साथ ही रहकर सारे टेस्ट करवाओ। डरने की कोई बात नहीं है। लड़की पहले से ही कमजोर है। उसकी बीमारी का यही कारण हो सकता है” जरूर अस्पताल ले जाने की चेतावनी दी।

निर्मला अब भी सोच विचार में डुबकियाँ लगा रही है। नाश्ते का डब्बा अभी नहीं खोली।

“जानकारों को समझाया जा सकता है। अंजानों को भी समझाया जा सकता है।लेकिन जाने-अनजानों को समझाकर मनाना मुश्किल है” मन में कहती हुई अरुंधती ने अपने नाश्ते का डब्बा खोला।

# 6

# आराधना

क्लाँस में गौरी उस दिन के विषय के संबंध में काले तख्ते पर कुछ लिख रही थी। इतने में शोरगुल सा शुरू हुआ तो पीछे मुड़कर देखा। विद्यार्थियों की दृष्टि द्वार की दिशा लगी हुई। माधवी चौखट पर खड़ी होकर गौरी की तरफ एकटक देख रही थी। गौरी खीजकर माधवी को अंदर आने को कहा। लेकिन वह लड़की अंदर जाने के बगैर वैसी की वैसी खड़ी रही।

"क्या चाहिए? क्यों आई हो? जाओ अपने क्लाँस में" गौरी की आवाज में गुस्सा भरा हुआ है।

माधवी ने कुछ उत्तर नहीं दिया। थोड़ी देर वैसे ही खड़ी रहकर चली गई। गौरी के लिए माधवी का यह व्यवहार रोजाने का सरदर्द साबित होने लगा। तीन साल पहले माधवी गौरी के क्लाँस में पढ़ती थी। तब होनहार लड़की होने के नाते उस पर गौरी का खास अभिमान रहता था। उस के बाद हर साल उत्तीर्ण होती हुई वह आगे बढ़ती गई तो आमने-सामने होने पर अभिवादन से बढकर बातें नहीं होती थीं। नतीजतन उन दोनों के बीच में दूरी बढ़ती गई। इस के चलते – पिछले दो साल से – खासकर माधवी के नौवीं कक्षा में आने से लेकर– उस में जो परिवर्तन आया है वह गौरी को परेशान करने लगा।

प्राथमिक कक्षाओं को पढ़ानेवाली गौरी जिस कक्षा में पाठ पढ़ाती रहती है माधवी अपना क्लाँस छोड़कर उस कक्षा के बाहर खड़ी होकर गौरी को थोड़ी देर देखती खड़ी रहती है। 'क्यों आई हो'? पूछा तो चली जाती रहती है।

हाई स्कूल के सारे टीचर प्रताडते थे कि माधवी उन के क्लाँस से किसी न किसी बहाने बाहर चली जातीरहती है। होते-होते यह देखकर टीचरों ने हेड मिस से शिकायत की थी कि वह लड़की उन के क्लाँस में से अनुमति लेकर गौरी के क्लाँस में चली जाती है।

माधवी अरुंधती के क्लाँस में से चले जाने के लिए अमूमन हिम्मत नहीं करती थी।एक दिन अरुंधती ने उसे पास बिठाकर पूछा "मैं ने सुना था कि तुम सब पीरियड्स में क्लाँस छोड़कर चली जाती हो,क्या यह सच है?"

"नहीं टीचर, पेन या कुछ और भूल जाती तो ले आने जाती हूँ" कहकर माधवी झुठला रही है तो अरुंधती ने आगे कुछ नहीं पूछा।

अरुंधती विज्ञान और गणित पढाती है। तत्कारण वह कुर्सी पर बैठे बिना क्लाँस भर में घूमती हुई पढ़ाती है। इस वजह से बच्चों को क्लाँस छोड़कर जाने का मौका नहीं मिलता था। इसी लिए भी माधवी को क्लाँस छोड़कर जाने का मौका शायद कम मिलता था। इस के चलते माधवी पढ़ाई में कमजोर होती जा रही थी तो अरुंधती उस की चाल-चलन पर निगरानी रखने लगी।

गौरी अरुंधती की अच्छी मित्राणी है। उसकी मार्फत माधवी के बारे में पता चलता था।

माधवी के कारण होती रही परेशानी के बारे में गौरी ने विस्तार से बताया तो अरुंधती ने "कौमार अवस्था में बच्चे मानसिक एवं शारीरिक रूप से कई परिवर्तनों का सामना करते हैं। चूंकि वे ज्यादा वक्त स्कूल में ही व्यतीत करते हैं, वे अध्यापक-अध्यापिकाओं के अनुबंधों से बंध जाते हैं। उन की एक प्रकार से आराधना करने लग जाते हैं। संभवत: माधवी तुम्हारे प्रति अपनी आराधना को इस तरह प्रकट कर रही हो!" अरुंधती ने कहा।

"यह बात तो मैं भी जानती हूँ। लेकिन बाकी टीचर मेरे बारे में या माधवी के बारे में कुछ न कुछ कहते रहते हैं। यह बात मेरे बर्दाश्त के बाहर हो रही है" गौरी ने चिढ़ती हुई कहा।

"इसके बारे में तुम ज्यादा मत सोचो गौरी। अगले साल माधवी दसवीं में आ रही है न, उसके बाद वह ये सब भूल जाती है। सब अपने-अपने काम-धंधे में आलिप्त हो जाती हैं" अरुंधती ने कहा।

साल बीत गया। माधवी दसवीं में आई तो है,लेकिन उस की चाल-चलन में कोई परिवर्तन नहीं आया।

शहर के किसी स्कूल में चल रही वैज्ञानिक प्रदर्शनी में नौवीं और दसवीं कक्षा के छात्र- छात्राओं को ले जाने का काम हेड मिस ने अरुंधती को सौंपा। अरुंधती ने कहा था कि वह अपने साथ गौरी को भी ले जायेगी। सब बच्चों को एकत्रित किया गया। एक बस का भी बंदोबस्त किया गया। सब विद्यार्थियों को समूहों में विभाजित कर दसवीं के बच्चों को लीडर बनाकर सब को बस में बिठाया गया।

प्रदर्शनी में एक कमरे से दूसरे कमरे में जाने के दौरान अपने समूह से अलग होकर माधवी गौरी के बगल में चली आई। पहचान कर भी गौरी ने इस बात की उपेक्षा कर दी। गौरी और अरुंधती छात्रों की शंकायें दूर करती रहीं। बगल में रहने पर भी गौरी ने उसकी उपेक्षा कर दी – शायद यह बात नहीं जंची हो माधवी बाद में अपने समूह में जा शामिल हो गई।

यह देखकर दोनों सहेलियों ने आराम की साँस ली। सब बच्चों को सुरक्षित स्कूल पहुँचाने के बाद उनको घर भिजवाकर वे भी घर चली गईं।

अब, उसके दूसरे दिन से माधवी का खिलाफाती रवैया शुरू हुआ। दोनों हाथों भर गौरी का नाम लिखना, दिन भर पान पराग चबाना, साथ के बच्चों के सामने खुदकुशी करने की इच्छा जाहिर करना आदि करने लगी। बच्चों ने खौफ खाकर अरुंधती से यह बात बताई तो उस की जान, जान में नहीं रही; वह उस क्लाँस की क्लाँस टीचर जो है। सब बच्चों की जिम्मेदारी उसी की है।

दूसरी तरफ गौरी यह कहती आँसू भरने लगी कि मैं स्कूल छोड़ दूंगी,तबादला करवा दूँगी।

हेड मिस को इत्तिलाकर अरुंधती ने माधवी को बुला भेजा। उसके माँ-बाप को भी बुला लाने के लिए दो बच्चों को भेजा गया। बच्चों ने "पिता इन के साथ नहीं रहता,बड़ा ही नशेड़ी है " कहा तो ,उस की माँ को ही सही बुला लाने के लिए कहा गया ।

माधवी मुँह भर का पान पराग चबाती हुई बेपरवाह सी चलती हेड मिस के कमरे में आई। उस के खड़े होने में या नजरों में किसी तरह का डर या सम्मान की भावना दिखाई नहीं दे रही थी। इतना ही नहीं उस का शरीर म़स्ती से झूम रहा है। आँखें भी लाल-लाल दिख रही हैं।

"माधवी यह क्या कर रही हो तुम" सब टीचरों ने उसे चमकाते हुए कहा।

"गौरी टीचर मुझ से बात नहीं करती तो मुझे जीते रहने की इच्छा नहीं रहती। उन के साथ रहती, उन से बात करती रहती तो मैं अपने को सुरक्षित और निड़र महसूस करती। टीचर मेरी तरफ ताकती ही नहीं। मैं मर जाऊँगी..." माधवी रोने लगी। रोते-रोते ही कंपास बॉक्स से ब्लेड निकालकर हाथ काटने को उद्यत हो गई। उसी को परख रही अरुंधती ने उसका हाथ पकड़ कर उसे रोकने की कोशिश की। लेकिन फिर भी, माधवी का हाथ थोड़ा सा चिर गया।

झट से अरुंधती ने उस के गाल पर एक थप्पड़ रसीद किया। कभी बच्चों पर हाथ नहीं उठानेवाली अरुंधती टीचर ने उसे थप्पड़ मारा तो माधवी का नशा उतर गया। इतने में अटेंडर का लाया अयोडीन लगाकर किसी और अध्यापिका ने पट्टी बाँधी। माधवी चुपचाप रोती खड़ी रही।

"देख माधवी! तेरी वजह से गौरी टीचर नौकरी छोड़कर चली जाऊँगी कह रही हैं। यह अच्छी बात है क्या? जरा सोचो ! वाकई गौरी टीचर तेरे को अच्छी लगती हैं तो उन्हें किसी भी तरह से परेशान किए बिना उन्हें खुश रखना है। तुम लोग एग्जाम में पास होकर तरक्की करेंगे तो हमें अच्छा लगता है। इस के बदले में इस तरह परेशान करता है क्या कोई? एक-एक टीचर अपने-अपने तरीके से उसे भला-बुरा समझा-बुझाकर उस से वादा करवाया है कि आगे वह इस तरह का पागलपन नहीं करेगी और ऐसा बर्ताव करेगी कि सब उसकी शाबाशी करे।

इतने में माधवी की माँ आई। उसे भी सब बात समझाई गई।

"हाँ माँ जी! स्कूल छूटकर घर आकर भी उस का मन टीचर के साथ ही लगा रहता है। मेरी बहन हू-ब-हू गौरी टीचर की तरह रहती थी। वह मेरी बेटी की प्राण प्यारी रहती थी। उस के दूर हो जाने के बाद तो यह गौरी टीचर के पीछे ही पड़ गई" माधवी की माँ ने राई-रत्ती बताई।

कुल मिलाकर उस के बाद से माधवी पढ़ाई पर ध्यान देने लगी। माधवी उसके प्रति आराधना व्यक्त करती ही रही फिर भी भी गौरी साधारण सी रहने लगी।

बच्चों की मार्फत पता चलता ही रहता था कि दसवीं पास करने के बाद माधवी नौकरी करने लगी, उसकी शादी भी हुई वगैरह। बस,उस के बाद। माधवी स्कूल नहीं आई। सो गौरी ने आराम की साँस ली।

पाँच-छः साल बीत गए। वक्त गौरी के जीवन में कई परिवर्तन लाया। उसके पति की रोड दुर्घटना में मृत्यु हो गई। अभी स्कूली पढ़ाई में ही रहे बच्चों की खातिर गौरी दिल पर पत्थर रखकर नौकरी करती रही। उस दौरान गौरी के जीवन में कई उतार-चढाव आए। ऐसे बुरे दिनों में अरुंधती ने उसका साथ दिया। उन के बीच में मित्रता और मजबूत हुई।

उस साल दसवीं परीक्षाओं के स्पॉट वेल्युएशन के अलावा सब टीचरों को जन गणना का काम भी सौंपा गया। सब को अलग-अलग इलाकों में ड्यूटी लगाने की वजह से एक दूसरे के साथ मिलने का मौका नहीं मिल पाया। दो महीने बाद ही जन गणना का काम पूरा हो सका।

स्कूल खुलते ही टीचरों के फिर से आने से स्कूल में काफ़ी चहल-पहल छाने लगी।

दसवीं कक्षा में पढ़ा रही अरुंधती का चौखट पर ही से अभिवादन करके " अरुंधती! तुम्हें एक आश्चर्यजनक बात बतानी है, खाली पीरियड में बताती हूँ" कहकर गौरी अपने क्लाँस में चली गई।

चंद दिन पहले गौरी ने जिन हालात का सामना किया था, उनकी वजह से अपने आप में धंसती जा रही गौरी के चेहरे पर हास रेखाओं के खिलते देखकर अरुंधती ने फूले नहीं समाए।

उस पीरियड के बाद स्टॉफ रूम आई अरुंधती का वहाँ खड़ी लड़की ने नमस्कार किया। उसे तुरंत पहचान नहीं पाई अरुंधती सवालिया चिह्न लगाई। उस लड़की ने अरुंधती का चरण स्पर्श करके " मैं हूँ टीचर माधवी" कहा। उस में आया परिवर्तन देखकर अरुंधती बेहद खुश हुई।

माधवी के साथ खुलासा करते रहने के दौरान ही गौरी स्टॉफ रूम में आकर माधवी से फिर से मुलाकात कैसे हुई पूरी बात बताई।

बताया है कि दो महीने पहले उस के परिवार के बारे में जानकर माधवी गौरी के घर गई थी। उस के घर के पास ही माधवी ने घर लिया। गौरी के स्वर्गस्थ पति के मामले में प्राप्त होनेवाले पेंशन आदि के काम में साथ चलकर माधवी के वाकिफकारों के माध्यम से सारे काम निपटाने में गौरी की मदद की। जितनी मदद खुद के भाइयों ने नहीं की उतनी मदद माधवी ने की। जनगणना के दौरान भी उसका ऑफिस छूटने के बाद गौरी को अपनी स्कूटी पर बिठाकर ले जाया करती थी। "माधवी नहीं होती तो छोटे बच्चों को लेकर यह सब निभाना कितना मुश्किल होता था" कहकर पूरा वृत्तांत कह सुनाया।

गौरी टीचर उस की तारीफ़ कर रही थीं तो माधवी लजा गई।

"अब माधवी मेरे लिए भगवदत्त पुत्री है" गौरी ने माधवी को आँखों भर देखा।

माधवी की आँखों में वही पुरानी आराधना।

# 7

# जिम्मेदारी

"हे! परिशुद्ध आत्मा प्रभु ! आपके शिशुओं की गलतियों को क्षमा करो परम पिता! आपके शिशुओं को हमेशा आयु,आरोग्य प्रदान करो परम पिता! आमेन" कहकर दयामती टीचर प्रेयर कर रही थी तो वहाँ खड़ी लड़कियाँ भी आँखें मूंदकर प्रे करने लगीं।

"माता पोचम्मा! इन बच्चों की रक्षा करो! कोई दुर्घटना न हो माँ" कहकर कुछ और टीचर भी मान-मनौती माँगी। सब लोग अपने-अपने लिहाज से भक्ति से हो या डर के मारे अपने-अपने देवी-देवताओं से मिन्नतें माँग रहे थे।

बस के आगेवाली सीटों में बैठी गौरी और अरुंधती तो इधर-उधर देखे बिना जोर से धड़कते दिलों से आगे देखती चुपचाप बैठी रहीं मानो जान हथेली में रक्खी हुई हों। उन की नज़र सामने वाले शीशे से आगे जा रही बस पर एकटक लगी हुई है। उतनी ही पैनी नज़र से आगे जा रही बस को देखते रहनेवाला कोई और है तो वह है आगे चलनेवाली बस का चालक।

आगेवाली बस के टॉप पर चढ़कर कुछ लड़के 'दिल से 'वाले साहरुखखान बनकर छय्या छय्या' गाने की सुर पर ता-थैया कर रहे हैं। धीरे से जा रही उस बस के पीछे-पीछे बीसेक लड़के छोटे से टैप रिकार्ड में उस गाने को ऊँची आवाज़ में बजाते हुए बीच-बीच में सड़क पर ही गाने के अंदाजे से कदम मिलाते हुए जा रहे हैं।

गौरी और अरुंधती जिस बस में बैठी हैं, उसी बस में सवार कुछ छात्राओं की बातें डर के मारे जमे निःशब्द में से फुसफुसाहट सी सुनाई दे रही हैं। "देख विज्जी! टेंथ क्लाँसवाला बाबूराव हू-ब-हू शाह रुख खान की तरह नाच रहा है न " कहती हुई एक-एक लड़के के बारे में कॉमेंट कर रही हैं तो बाकी लड़कियों में से कुछ लड़कियाँ खिसियाती और कुछ हँसी को अपने में ही दबाकर तरह-तरह से हँस रही हैं।

स्कूली प्रशासन ने आरटीसी वालों से बात करके बच्चों की विज्ञान यात्रा (एक्सकर्शन) के लिए एक हफ्ते के लिए दो बसों का बंदोबस्त करवाया। हैदराबाद से निकलकर रास्ते में कुछ और प्रमुख स्थानों का संदर्शन करके वहाँ से अरकु वैली पहुँचकर, वहाँ से वापस की यात्रा में हैं दोनों बसें।

बसें अरकू के घाट वाली सड़क पर नीचे उतर रही हैं। ड्राइवरों को डिस्टर्ब मत करने के लिए पहले ही चेतावनी दे दी गई थी। प्रश्नगत बस में लड़कियों के ही बैठे रहने के कारण ज्यादा हो हल्ला नहीं हो रहा। पहलीवाली सीटों में बैठी टीचरों की प्रार्थनाओं ने थोड़ा ही सही डरा दिया तो है। इस वजह से कुछ विद्यार्थिनियाँ इसी ध्यान में लगी रहीं थीं कि बस जितनी जल्दी हो सके उतनी जल्दी नीचे पहुँच जाए।

जो भी हो, घाटी वाली रोड का सफर पूरा करके किसीभी तरह की घटना के बिना हिफाजत के साथ दोनों बसों के नीचे उतरते ही उन में बैठी छात्र-छात्रायें रेलम-पेल में नीचे उतर आईं। गौरी और अरुंधती एकदम आराम की लंबी साँस तो ली पर, अंदर से उफनता हुआ गुस्सा एक दम बेकाबू हो गया तो बगल वाले पेड़ की टहनी तोड़ कर झट से बाबूराव गैंगवाले लड़कों को खवों से पकड़कर घसीटते हुए छड़ी मुबारक कर दी। तब जाकर पास पड़े चट्टान पर बैठकर तब तक दिलोजिगर में घर कर गए दुःख,भय और आतुरता को उफ्फ! से विमुक्त कर निजात पाईं।

बाकी टीचर और छात्र-छात्रायें उन दोनों को चुपचाप देख रहे थे। हतप्रभ सा खड़े बाबूराव को गौरी और अरुंधती ने अपने आगोश में लिया।

तब तक वहाँ पहुँचे दोनों बस चालक "बहुत बड़ी बला टली टीचर। अच्छी तरह जाँच-परख कर ही लाये हैं दोनों बसों को। फिर भी पता नहीं क्यों रह-रह कर ब्रेक प्रॉब्लम कर रही थीं" कहकर "आप लोग पास में ही डिपार्टमेंट के गेस्ट हाउस में इंतजार कीजिएगा। उस के बगलवाले होटल में बच्चों को खाना खिलाकर सो जाइएगा। हम बस को मिस्त्री के पास ले जाकर मरम्मत करवाकर सवेरे ही वापस आयेंगे" कहा।

चालकों की बातें सुनकर बाकी टीचरों ने आतुर-कातर होकर अरुंधती से "क्या हुआ टीचर" पूछा।

तब तक संभल गई अरुंधती "हमारे घाट के ऊपर जाने तक सब कुछ ठीक ठाक था। लेकिन वापसी में चालकों को पता लगा कि ब्रेक्स में कुछ गड़बड़ है। यह बात सूचित करके चालकों ने हमें सचेत किया कि "किसी से मत बताइएगा। हड़बड़ाकर बच्चे रोने लग जाते हैं तो हमारा ध्यान बिखर जाता है। लड़कों में से छोटे लड़कों को लड़कियों की बस में बिठाएं। बड़े लड़कों को पैदल आने को बोलिए। ऊँचे दर्जे के लड़के खेल-खेल में पैदल चल सकते हैं। काफ़ी दूर भी नहीं है। आप सब लोगों को सही सलामत नीचे उतारना हमारी जिम्मेदारी है"कहा। उन का इस तरह ढाढस बाँधने पर भी शरारत में बड़े लड़के बस के ऊपर चढ़ गए तो हम दोनों बहुत डर गईं। उनके बस के टॉप पर चढ़ना पहले ही हमारे ध्यान में नहीं आया तो तनाव बढ़ गया" अरुंधती ने विस्तार से बताया।

"जब तक नीचे नहीं उतरे मेरे हाथ-पैर सन्न रह गए। मौजूदा हालात बच्चों को बता भी नहीं सकते। बच्चे तो बस के ऊपर चढ़कर नाचने लगे तो हम खौफ खाकर रह गई। वहाँ से किसी का पैर फिसलकर नीचे आ गया तो उन के माँ-बाप के हम ही तो जवाबदेह होते हैं न? ये बच्चे समझते नहीं। इस उम्र में यह कोई हिरोइज्म समझते हैं" गौरी ने कहा।

'ओह! कितनी दुर्घटना टली' सब बच्चों के साथ टीचर भी मन में ही इष्ट देवी-देवताओं का मनन करके नमस्कार करने लगे।

बाबूराव गैंग वाले बच्चे गौरी और अरुंधती के पास आकर "हमें माफ कीजिए टीचर! हमने बड़ी गलती की है टीचर। हेड मिस को मत बताइएगा टीचर प्लीज" कहकर आँखों में आँसू भरकर दोनों के चरण छूने को उद्यत हो गए।

"ठीक है ठीक है! आगे से अच्छे बच्चे बनकर छोटे बच्चों का देख-भाल करो" कहकर पास के होटल की तरफ निकले।

सब लोगों ने जब तक खाना खाया तब तक बहुत देर हो गई। पहले ही बुक किए गए गेस्ट हाउस पहुँचने तक का वक्त भी नहीं रहा। रात काटने के लिए पास में कहीं कोई जगह मिल जाय तो अच्छा होगा सोचकर ढूँढने पर भी कुछ नहीं मिला।

'बस चालकों ने विशाखापटनम के बस अड्डे पर उतारेंगे। वहाँ कोई गेस्ट हाउस होगा तो पूछेंगे' कहा।

'यह ठीक है' कहकर पहले टीचरों और लड़कियों को ठीक से चल रही बस में बिठाकर बस अड्डे के लिए रवाना हो गए। तब तक रात के दस बज गए। पता चला कि वहाँ के गेस्ट हाउस में भी कमरे खाली नहीं हैं। "अब और चार घंटे ही तो हैं! वेटिंग रूम में लड़कियाँ और आप रहिएगा। लड़के बस में ही सो जायेंगे" गेस्ट हाउस के मैनेजर ने मशविरा किया

अरुंधती ने लड़कियों और छोटे बच्चों को,उनके देखभाल के लिए आया को और बाकी टीचरों को वेटिंग रूम में सोने को कहा।

इतने में लड़कों को साथ लेकर बस चालक आए। उन्हें सारी बातें सूचित की गई।

बड़े लड़कों को एक बस में सोने,उन के साथ एक चालक को रहने के लिए कहकर बाकी तीनों चालक दूसरी बस ठीक करवाकर लायेंगे कहकर चले गए। जाते-जाते यह भी कह गए कि सुबह-सुबह पाँच बजे तक तैयार रहिएगा।

बाबूराव और दसवीं के कुछ और लड़के "हम यहीं वेटिंग रूम के बाहर बैंचों पर बैठे रहेंगे टीचर" कहा।

"क्यों रे! बहुत थक गए हैं न? जाकर बस में सो जाओ" कहने पर भी उन्हों ने अनसुनी कर दी।

"ठीक है, कोई जरूरत पड़ गई तो इन के पास रहना ही बेहतर होगा" गौरी ने कहा।

"यह भी सही है" अरुंधती ने जताया।

थके-मंदे जाने पर सब बच्चे सो गए। गौरी, अरुंधती और एक टीचर वेटिंग रूम के दरवाजे के पास ही बेंच पर बैठी रहीं।

"हम तो इस तरह प्लॉट फॉर्मपर सो नहीं सकते। बगल में ही होटल है न? रात को वहीं सोकर सुबह-सुबह चले आयेंगे" कहकर उनके हिस्से की जिम्मेदारी के बच्चों को वहीं छोड़कर अगले दिन पहनने के कपड़े-लत्ते साथ लेकर चार टीचर वहाँ से चले गए।

गौरी और अरुंधती आदियों को रात भर डरी-डरी सी कटी। इतनी सारी लड़कियों के साथ , छोटे-छोटे बच्चों के साथ इस तरह बस अड्डे में, वेटिंग रूम में इंतजार करने के हालात का सामना करना अब तक के किसी भी विज्ञान यात्रा में नहीं पड़ा। रात भर बारी-बारी से आनेवाले पेट्रोलिंग पुलिसवालों को स्कूल की आइडेंटी दिखानी पड़ गई।

इतना ही नहीं, बस अड्डे में चक्कर काटनेवाले लुच्छे-लफंगे बारंबार आते ही रहे। उनके आते ही बाबूराव ग्रुप सचेत होता रहा। तगड़ी शारीरिक यष्टि वाला बाबूराव उनके पास जाकर आप लोग कहाँ से आए हो, यहाँ आप का क्या काम है? आदि का ब्योरा पूछने लगा तो ज्यादा कुछ हरकत किये बिना वे वहाँ से चल देने लगे। बच्चों की होशियारी देखकर गौरी और अरुंधती आदि आश्चर्य चकित रह गईं।

जैसा बने वैसा रात के दो बजे तक कालरात्रि की तरह बिताई टीचरों ने तीन बजे को बच्चों बारी-बारी से जगाकर तैयार होने के लिए सचेत किया। बच्चों के साथ-साथ टीचरों ने भी वहीं लोटे भर का पानी उँड़ेलकर कपड़े बदल लिये।

कथनी के अनुसार बस चालक पाँच बजे तक चले आए। उन को देखते ही सब की जान में जान आई। इतने में बाबूराव गैंग भी तैयार होकर चला आया।

उन बच्चों को देखकर अरुंधती आदियों का सर गर्व से उठा। साथी विद्यार्थियों के प्रति और उनके टीचरों के प्रति उतनी जिम्मेदारी के साथ रत जगा करनेवाले बाबूराव आदि के कंधों पर धौल बजाकर टीचरों ने उन के साथ करचान किया।

"बाबूराव! मैं ने समझा कि तेरा ग्रुप सिर्फ हुड़दंग ही मचाता है। अभी पता चला कि वक्त आने पर तुम लोग उस से बढ़कर जिम्मेदाराना बरतते हैं" गौरी ने आत्मीय भावना के साथ हँसती हुई कहा।

इतने में होटल में रात बिताने गये टीचर भी आकर मामले से वाकिफ हुए। रात भर रूम के बाहर रखवाली किये बाबू राव आदि के बारे में कह रही तो बाकी बच्चे और आया अभिमान के साथ आत्मीयता भरी आँखों से देख रहे हैं तो बाबूराव के गैंग ने लजाते हुए "आप हमारी तारीफों के पुल बाँध रही हैं टीचर, हमारे स्टूडेंट सही सलामत रहे यही सोचकर हम ने ऐसा किया है" कहकर सर झुका लिये।

"इस तरह सर झुकाना नहीं रे। जिम्मेदारी से भरा काम करने पर सीना तानकर चलना है" अरुंधती ने कहा।

कहीं कांटे की तरह चुभ गया सा लगा तो रात को आराम करने हेटेल में रूम लेनेवाले चारों टीचर  उन बच्चों के सामने सर उठा नहीं सके।

# 8

# हालात के गुलाम

आठवीं कक्षा में हाजिरी लगाते हुये अरुंधती ने पिछले दो दिन से स्कूल नही आ रही मंजुला के बारे में पूछताछ की। हल्की सी खिसियाती हँसी सुनाई दी तो सर उठाकर देखा। लड़कियों में से कुछों ने बल खाते हुये हँसती रह गई। लेकिन किसी ने जवाब नहीं दिया। अरुंधती ने बात ताड़ गई तो वह भी मुस्कुराकर हाजिरी निपटाकर पढ़ाने उठी।

दोपहर के लंच के वक्त मंजुला का प्रसंग आया।

"हाँ सुना था। थोड़ी देर पहले क्लाँस में राधा ने बताया" हिंदी पढ़ानेवाली लता टीचर ने कहा।

"हाई स्कूल आने तक लड़कियाँ एक के बाद एक इस कारण से दस-दस दिन स्कूल लो छुट्टी कर देती हैं। "

"छुट्टी कर देती हैं तो कोई बात नहीं। पर, हम इस बात को लेकर परेशान हो जाते हैं कि इस के आगे पढ़कर क्या करेंगी सोचकर माँ-बाप उन से पढ़ाई छुड़वा देते हैं" गौरी ने कहा।

यही तो दिक्कत है। 50-60 के हालात अब तक शहरों में भी गरीब-गुरबे परिवारों में बने रहे। कहीं कोई, एक-दो प्रतिशत महिलायें उच्च स्तर की नौकरियों, राजनीति या सांस्कृतिक क्षेत्रों में उभर आई तो हम कंधे पर धौल बजा लेती हैं कि महिलाओं ने साधिकारिता हासिल कर ली है। लेकिन, इस बात की कितने लोग कल्पना कर पा रहे हैं कि ऐसी सरकारी स्कूलों में पढ़नेवाली लड़कियों के रजस्वला होते ही घर के काम में हाथ बंटाने के लिए या शादी करा देने के लिए उनके माँ-बाप उन की पढ़ाई बंद करवा दे रहे हैं?" अरुंधती ने कहा।

"उच्च शिक्षा प्राप्त करने लड़कियों के लिए दाखिले में आरक्षण और आर्थिक सहायता के लिए छात्रवृत्तियों के उपलब्ध होने के बारे में हम अच्छी तरह पढ़नेवाली लड़कियों को लाख समझाने पर भी वे जद में नहीं लेतीं" लता ने खीजते हुये कहा।

तब तक क्लाँस में जाने की घंटी बजी तो चर्चा वहीं पर खत्म हो गई। अध्यापिकाओं की परेशानी बेबुनियाद करते हुये उस साल मंजुला की पढ़ाई बंद नहीं करवाई गई। लेकिन नौवीं कक्षा में आने के दो-तीन माह में मंजुला की पढ़ाई ठप्प पड़ गई।

खूब पढ़नेवाली लड़की की पढ़ाई बंद करवा देने से कैसे चलेगा ! परेशान होकर मंजुला की माँ को बुलावा भेजा गया।

एक-दो बार बच्चों की मार्फत खबर भेजने के बाद एक दिन मंजुला की माँ -"क्यों अम्माँ! बुला भेजा?" कहती हुई आई। अरुंधती ने मंजुला का मामला उठाया।

"मेरा घरवाला और मेरा छोटा भाई छोरी की पढ़ाई बंद करवाने के लिए कह रहे हैं" कहा।

"क्यों?" जानकर भी अरुंधती ने पूछा।

मेरा शोहर बीमार पड़कर कई दिनों से घर पर ही रहने लगा। काम पर भी नहीं जा रहा था। इस अमावास्या के बाद मंजुला की शादी मेरे छोटे भाई के साथ रचाने के लिए परेशान कर रहा है" मायूस होकर कहा।

"अभी से क्या शादी? बड़ी होकर अभी एक साल भी नहीं हुआ" तभी उस तरफ आई गौरी ने घबराते हुये कहा।

इतने दिन अभी वह बड़ी नहीं हुई कह कर ही रोके रक्खा। अब बड़ी हुई तो दोनों एक होकर मुझे सता रहे हैं। जैसे-तैसे एक साल चुप रहे। एक महीने से फिर से शुरू किया। मैं कहीं मर न जाऊँ! जिंदा रहते ही शादी कराने के लिए रोज-रोज झगड़ा कर रहा है मंजुला का बापू " मंजुला की माँ ने कहा।

"ये दो साल चुप रहने के लिए बोलो। समझाओ कि दसवीं के इम्तहान खत्म होते ही करवा लेंगे। दसवीं का सर्टिफिकेट हाथ आया तो जरूरत पड़ने पर मंजुला छोटी-मोटी नौकरी कर सकती है। अभी चौदह साल भी नहीं हुये। अभी से शादी रचा दो तो अगले साल माँ बन जाती है तो उस लड़की के स्वास्थ्य का क्या होगा? तुम्हारे पति की सेहत के साथ-साथ तुम्हारी बेटी की सहत को भी ध्यान में रखना चाहिये न। तुम्हारे पति को बुलाओ हम बात करते हैं। नहीं आ सकता है तो बोलो हम में से कोई खुद आकर उस को समझायेंगे।

वहाँ उपस्थित एक-दो टीचरों ने भी अरुंधती की बातों का समर्थन करते हुये मंजुला की माँ को मनाने का प्रयास किया।

तब तक तो लगा कि मंजुला की माँ मान गई थी।

"पता नहीं अम्माँ! न जाने वह क्या कहे..." अपने आप में बुदबुदाती वहाँ से निकल गई।

अगले दिन से मंजुला स्कूल आने लगी।

किसी ने "तुम्हारे बापू की सेहत कैसी है" पूछा तो "ठीक ही है " मंजुला ने जवाब दिया।

टीचरों ने आराम की साँस ली। तीज-त्योहार, छ: मासी इम्तहानों का एक दूसरे के बाद आना और पाठ्यप्रणाली पूरी करने की व्यग्रता में सब लोग काफी व्यस्त रहे। उस के बाद शिक्षा वर्ष तुरत-फुरत रहा। सालाना इम्तहान भी सम्पन्न हो गये।

बात ऐसी थी कि प्रोग्रेस कार्ड लेने मंजुला नहीं आई। साधारणत: ऐसा होता है कि बच्चे स्कूल से कार्ड लेने परिणामों के घोषित किये जाने के तुरंत आने के बदले में बाद में आया करते हैं। इसी वजह से किसे ने भी मंजुला के नहीं आने के बारे में ज्यादा ध्यान नहीं दिया।

नये शिक्षावर्ष प्रविष्ट हुआ। हर साल हाई स्कूल की कक्षाओं में अव्वल दर्जे के नम्बर लाने वालों को प्रोत्साहित करने अरुंधती पुरस्कार दिया करती है। उस की आशा-अपेक्षा थी कि ऐसा करने से बच्चे एक दूसरे से स्पर्धा करके पढ़ते है। शुरू-शुरू में उन को उपयोगी पुस्तकें दिया करती थी। कालांतर में नगद दें तो उन के लिए जरूरतमंद चीजें खुद खरीद लेंगे मानकर नगद देने लगी।

पुरस्कार प्रदान करने के दिन अवश्य उपस्थित होने के लिए अरुंधती प्रथम स्थान प्राप्त करनेवाले विद्यार्थियों से आग्रह करती है। यत्कारणवश नौवीं कक्षा में प्रथम स्थान प्राप्त मंजुला अपनी माँ को साथ लेकर आई।

नई साड़ी पहनकर, गले में चमकते मंगल सूत्र के साथ आई मंजुला को देख कर सब टीचर दंग रह गये।

"यह क्या शादी करा दी?" अरुंधती ने कहा। उस की आवाज में थोड़े से गुस्से के साथ दु:ख का पुट भी है।

पुरस्कार लेकर मंजुला दूर बैठी सहेलियों के साथ बतियाने निकल गई।

शादी करवा ली तो करवा ली। आगे की पढ़ाई चालू करेगी कि नही?" टीचरों ने पूछा।

कितना समझाया-बुझाया था! एक साल के लिए रोक सकती थी न? तुम्हारे पति का स्वास्थ कैसा है?अरुंधती ने दु:खते हुये पूछा।

"उसका क्या, ठीक ही है, रोजाना पी-पाकर बीमार पड़ जाना, अस्पताल ले जाती तो वहाँ डाँक्टर की गालियाँ सुनना आये दिन की बात है। रोज-रोज 'मैं मरने जा रहा उसकी शादी कर दो' कहता है। बहुत परेशान करता है। डर लगा रहता है कि मुआँ नशे में बेटी का हाथ ही पकड़ न लें! मेरा छोटा भाई कई दिन से मेरे पास ही रहता है। मंजुला रोती रहती है कि वह अकेले में उस का कुछ कर न दे। यह एक और परेशानी है। घर में छोटे बच्चे तो हैं, लेकिन उनका खेल-कूद, वे अपनी दुनिया के लगे रहते हैं। लड़की के साथ रहने के लिए कहती हूँ तो नहीं सुनते। ऐसे झंझट से छुटकारा पाने के किए, पहले से ही सोचा-माना होने के नाते शादी करा दी। अब मंजुला की जिम्मेदारी उस के शोहर की है। वह यहीं काम पर जाता रहेगा। आगे स्कूल भेजेगा या नहीं उस की मर्जी । थोड़े दिन मंजुला तो हमारे साथ ही रहेगी।"

मंजुला की माँ एक-एक परत खोल रही थी तो सब टीचर आश्चर्य चकित होकर खड़े के खड़े रह गये।

"माँ! चलेंगे क्या" कहते हुये मंजुला आई। अरुंधती को लगा कि चुस्ती और चालाकी से चमकनेवाली मंजुला का चेहरा अब बचपन खोकर, उस पर नीली छाया छा गई।

# 9
# काम चोर

"अरुंधती टीचर! आपको बड़ी मैडम बुला लाने को कहा" आया ने आकर इत्तिला किया।

अरुंधती दसवीं कक्षा में शिद्दत के साथ पैथागरस सिद्धांत कागज़ में से काटकर सिद्ध करने का तरीका सिखा रही थी। बच्चों से भी ग्राफ वाले पैपर में करवा रही थी। सर उठाकर "लेसन पूरा करने के बाद आती हूँ बोलो" कहकर फिर से पढ़ाने में तल्लीन हो गई।

सब बच्चों को सिद्धांत समझ में आई कि नहीं जानने के लिए अलग-अलग मूल्य देकर ब्लैकबोर्ड पर लिखवाया। कुछ उदाहरण देकर, उस के वापस आने तक बिना शोर मचाये सिद्ध करने कहकर अरुंधती हेड मिस के कमरे की तरफ निकली।

तब तक हेड मिस के कमरे में कुछ प्राथमिक कक्षाओं के उपाध्याय भी उपस्थित हैं। अरुंधती के जाने पर हेड मिस ने उसे सामनेवाली कुर्सी में बैठने का इशारा किया।

यह सोचते हुये अरुंधती ने " मुझे क्यों याद किया मैडम?" कहते हुये कुर्सी में बैठी कि क्लॉंस को बीच में ही छोड़ आई।

प्राक्कथन के रूप में "हमारे स्कूल में छ: महीनों से एपीईपी (आंध्र प्रदेश एजुकेशन पॉलसी) प्रशिक्षण कार्यक्रम चल रहा है न" हेड मिसने कहा।

"हाँ मैडम" यह मुझ से क्यों पूछ रही हैं- अरुंधती ने मन ही मन सोचा। वास्तव में जब एपीईपी प्रशिक्षण कार्यक्रम प्राथमिक अध्यापकों के लिए उद्दिष्ट माना गया था, तब एसजीबीटी पोस्ट में ही रहने के कारण एपीईपी प्रभारी टीचर ने सूची में पहले अरुंधती का नाम भी जोड़ा था। लेकिन, अरुंधती हाईस्कूल के बच्चों को गणित पढ़ा रही है तो बाद में यह कहकर हेड मिस ने सूची में से उस का नाम कटवा दिया कि अरुंधती प्रशिक्षण के लिए चली जायेगी तो दसवीं के गणित क्लॉंसेस के चलने में बाधा पड़ेगी।

स्कूल में हर दिन भोजन विराम के बाद प्राथमिक कक्षाओं के अध्यापकों के लिए सारे विषयों में एपीईपी प्रशिक्षण कार्यक्रम आयोजित किये जा रहे हैं।

अरुंधती और उस की सहेली गौरी एक ही रास्ते से स्कूल आती-जाती हैं तो शाम को स्कूल  खत्म हो जाने के बाद गौरी का प्रशिक्षण कक्ष समाप्त हो जाने तक अरुंधती स्कूल में ही बैठी रहती थी।

एपीईपी प्रशिक्षण कार्यक्रम, बच्चों को चार्टों, माँडलों और खेल-कूद के सहारे बच्चों को बेहतर तरीके से कैसे पढ़ाया जा सकता है – ऐसी बातों से भरा रहता है तो अरुंधती भी दिलचस्पी के साथ उन सब का अवलोकन किया करती है। जरूरत पड़ने पर गौरी या किसी और टीचर का चार्ट बनाने में हाथ बँटाती थी। खासकर, अरुंधती का मंशा यह है कि गौरी का काम समाप्त हो जाते ही दोनों मिलकर घर जा सकती हैं।

यह विचार फिर से मण्ड़रा गया कि ‘ अव्व्ल तो अब मुझे क्यों बुलाया गया’।

“अगले महीन में एपीईपी प्रशिक्षण कार्यक्रम के समापन के उपलक्ष्य में हमारे क्षेत्र की सभी पाठशालाओं को मिलाकर सारे अंशों में हमारे ही स्कूल में प्रदर्शनी आयोजित करने जा रहे हैं। उस में गणित के लिए आप को प्रभारी रहकर एक से पाँचवीं तक की कक्षाओं के लिए गणित के पाठ्यांशों के लिए नमूने तैयार करने में आप को मदद करनी है” मैडम ने कहा।

“मैं ने एपीईपी प्रशिक्षण प्राप्त नहीं किया था न मैडम?”

“हो सकता है लेकिन, आपका पोस्ट एसजीबीटी है न?” एपीईपी प्रशिक्षण कार्यक्रम की प्रभारी टीचर ने कहा। कहने में थोड़ा सा उलाहना शाब्दिक होने पर अरुंधती को गुस्सा आया तो था लेकिन प्रकट किये बिना मौन धारण कर लिया।

“अरुंधती! गौरी आदि का कहना है कि आप चार्ट,माँडल वगैरह बढ़िया बनाती हैं“ कहनेवाली मैडम की बातें  अरुंधती ठुकरा नहीं सकी।

“यह बात दीगर हो सकती है मैडम लेकिन, शुरू में प्रशिक्षण के लिए मेरा नाम उभर आया था तो, हाईस्कूल के पाठ्यक्रम में बाधा पड़ेगी कहा गया। ऐसे में प्रदर्शिनी के काम की वजह से भी मेरे क्लाँसेस में बाधा पड़ेगी न” मृदुल शब्दों में ही कहा अरुंधती ने।

एपीईपी प्रशिक्षण कार्यक्रम की प्रभारी टीचर ने बीच में दखल देकर,” अरुंधती आपका पोस्ट एसजीबीटी की हैसियत से है। हाईस्कूल में पढ़ाने के बहाने काम से मुँह मोड़ लोगी तो कैसे चलेगा?” आवाज में तीव्रता थी।

अरुंधती भले ही, स्कूल में जूनियर टीचर हो, नौकरी में भर्ती होने से लेकर आवश्यकतावश उसे हाईस्कूल की गणित कक्षायें पढ़ाने की जिम्मेदारी सौम्पे जाने के कारण कथित टीचर के पेट में दर्द होने लगा।

मैडम ने, जैसे उस की बातों को सुधारकर माहौल को ठंढ़ा करने के मंशे से हो "अरुंधती! हमारे क्षेत्र में समस्त पाठशालाओं को मिलाकर आयेजित किया जा रहा कार्यक्रम है यह! इसे पूर्णरूपेण सफल बनाने से हमारे स्कूल का नाम रोशन होगा न! आप कर सकती हो, मैं आपको प्रभारी बनाना चाहती हूँ" कहा। मैडम के मन में उस के प्रति रहे आदर-सम्मान के बारे में अरुंधती अच्छी तरह वाकिफ़ है।

इसीलिए "ठीक है मैडम! जहाँ तक हो सके मैं अपना हाथ बँटाऊँगी" अरुंधती ने आश्वासन दिया। उस के बाद प्रभारी टीचर से हँसते हुये "काम चोर; निवाले हाजिर" वाली कहावत को बदलना है मैडम" कहा। निहित व्यंग ताड़ गई तो उस का चेहरा कलौंस गया।

अरुंधती अगले दिन से एग्जिबिट्स तैयार करने पर बैठ गई। एक तरफ़ यह कर रही है तो दूसरी तरफ नौवीं और दसवीं कक्षाओं के क्लाँसेस लेना भी तो है। इस लिए सुबह के वक्त अपने पाठ पूरे करके दुपहर को चौथी और पाँचवीं कक्षाओं की गणित पुस्तकें लेकर, उन्हें आसानी से समझाने में काम आनेवाले उपकरण तैयार करने में, विशेषकर कम लागत में ज्यादा जानकारी उपलब्ध करानी है तो कार्ड बोर्ड के टुकड़े और आइस्क्रीम वाली काड़ियाँ मँगवाकर बाकी टीचरों की मदद से नमूने तैयार करने लगी।

देखते ही देखते विज्ञान प्रदर्शिनी का दिन आन पड़ा। पूरे स्कूल के अहाते को रंग-बिरंगे कागज़ात से सजाया गया। अन्य पाठशालाओं के लिए कुछ क्लाँस रूम आबँटित किये गये। ऊँची कक्षाओं के छात्रों की सहायता से टीचरों ने कतिपय पाठशालाओं के नमूनों को विषयवार करीने से रखवाया गया।

तब जाकर पता लगा कि विज्ञान से संबंधित नमूने नही हैं। अब क्या किया जाये? किसी को कुछ नहीं सूझा। गौरी ने एपीईपी प्रभारी को सूचित किया।

हाँ गौरी! साइंस टीचर कमल हफ्ते भर से स्कूल नहीं आ रही थी। कम से कम इस बात की भी जानकारी नहीं है कि उस ने कुछ नमूने तैयार किये हैं या नहीं। मैडम को सूचित किया तो उन्हों ने अटेंडर को उनके घर भेजा। कल आऊँगी कहा था। अब तक कुछ अता-पता नहीं है। दूसरी और तीसरी कक्षाओं के टीचरों के बनाये नमूने हों तो बंदोबस्त कर सकते हैं, लेकिन वे भी कम पड़ जायेंगे शायद" उस टीचर ने हैरान होते हुये कहा।

अगले ही पल में सम्भलकर "अरुंधती की मदद से चौथी और पाँचवीं कक्षाओं के लिए एक-दो नमूने बना सकती हैं क्या पूछो न" कमला टीचर को कोसते हुये संकोच से ही गौरी से कहा।

गौरी ने यह बात अरुंधती को बताई। दोनों ने हाथोंहाथ किताबें मँगवाकर हाईस्कूल के बच्चों की मदद से कुछ चार्ट खिंचवाकर आसानी से बनाये जा सकनेवाले बोधनोपकरण और नमूने तैयार किये।

शाम होने तक सारी व्यवस्थायें सम्पन्न कर दी गई। अन्य पाठशाला वालों ने भी अपने-अपने नमूने करीने से रख लिए।

विज्ञान प्रदर्शनी के प्रथम दिन का उद्घाटन करने के लिए क्षेत्र के शिक्षाधिकारी,स्थानिक विधायक पधारे। उत्तम नमूनों का चयन करने के लिए बीईडी कॉलेज के प्राध्यापक आये। सारे अध्यापकों को कमरे से बाहर जाने के लिए कहा गया है तो वे सब स्कूल के मैदान में लगाई कुर्सियों में जा बैठे।

गौरी ने अरुंधती को इशारा किया है कि"उस तरफ़ देख"

उस तरफ़ देखकर अरुंधति दंग रह गई। एक हफ्ते से स्कूल में सारे लोग जमीन-आसमान एक कर रहे हैं तो, इतने दिन स्कूल से गैरहाजिर होकर अब टीम-टाम से तैयार होकर बैज लगाकर साइंस रूम के आगे लता टीचर हंगामा करते हुये अधीक्षण कर रही है!

किया-कराके तीन दिन की प्रदर्शिनी अबाध गति से सम्पन्न हुई। प्रतिक्रिया बढ़िया रही। अंतिम दिन को निर्णायकों ने घोषणा की कि किस स्कूल के नमूने ज्ञानदायक रहे। गणित, साइंस और सामाजिक शास्त्र तीनों पुरस्कार हमारे स्कूल को प्राप्त होने की बदौलत एपीईपी रोलिंग शील्ड भी हमारे स्कूल को प्राप्त होने से टीचरों की खुशी की कोई सीमा नहीं रही।

कम से कम लागत से निरुपयोगी चीजों को इस्तेमाल करके ज्ञानवर्धक नमूने तैयार करने के लिए शिक्षा विभागाधिकारी ने स्कूल के समूचे प्रयासों की सराहना की।

हेड मिस ने बेहद खुशी के साथ," शील्डों को सामने रखकर टीचरों के साथ फोटो खिंचवाकर, इस समाचार को पत्र-पत्रिकाओं को भेजेंगे" सुझाया।

मैदान में विषय विशेष के प्राथमिक अध्यापक, उन के हाथों में शील्ड लेकर और एपीईपी प्रभारी टीचर रोलिंग शील्ड पकड़कर हेड मिस के साथ फोटो के लिए तैयार खड़े हो गये।

हाईस्कूल के टीचरों के साथ अरुंधती उन सब से दूर अलग बैठी रही।

“आपने दस दिन से लगातार काफी तकलीफ़ उठाई थी न अरुंधती! आप भी जाओ” हाईस्कूल की तेलुगु टीचर ने कहा। अरुंधती ने हँसकर टाल दिया।

इतने में हेड मिस ने फोटोग्राफर को रुकने के लिए कहकर “अरुंधती! यहाँ आओ, वहीं खड़ी क्यों रह गई?” कहकर बुलाया।

मेडम की बात नकार न सकी तो अरुंधती जाकर पीछेवाली लाइन में खड़ी रही।

“अरुंधती एपीईपी में नहीं है न” प्रभारी टीचर ने कहा।

“हाँ प्रशिक्षण भी प्राप्त नहीं किया, फोटो में वह क्यों?” जिम्मेदारी से आँख चुराई साइंस टीचर कमल ने कहा।

सुनकर अरुंधती वहाँ से हटकर पीछे जा ही रही थी कि गौरी ने उसका हाथ कसकर पकड़ा।

इतने में फोटोग्राफर ने कैमेरा क्लिक कर दिया।

अरुंधती की नज़र तो स्कूल के गेट के बगलवाले घर के अहाते में लम्बा बढकर हवा के झोंखों के मारे झूम रहे करी पत्ते के पौधे पर लगी रही।

# 10

# हाँ,यह तो सरकारी इस्कूल है!

"अब, सिर्फ यही एक पीरियड लगती है। इसके बादवाली पीरियड में नौवीं और दसवीं कक्षाओं के छात्र-छात्राओं को पुलिस ठाने ले जायेंगे कहते हैं"। आया की लाई नोटिस रजिस्टर में दस्तखत करती हुई अरुंधती ने बच्चों को सूचित किया।

"ठाने ले जायेंगे!?"

"क्यों?"

"बापरे! मुझे डर लगता है"

"मैं नहीं जाता, घर निकल जाता"

कुछ लड़के-लड़कियाँ डरे-डरे से आपस में फुसफुसाने लगे।

अरुंधती ने हँसते हुये "तुम लोगों को जेल भेजने या सज़ा दिलाने के लिए नहीं रे! विद्यार्थियों और पुलिसवालों के बीच में स्नेह-सम्बंध कायम करने के लिए और पुलिस विभाग के बारे में समझदारी बढ़ाने के लिए इस तरह हर ठाने में और उस के आसपास के स्कूलों के बच्चों से पुलिस विभागवाले खुलासा किया करते हैं। पुलिस संगठन के बारे में बच्चों के मन में जो धारणायें और जो ऊहापोह हैं उन्हें दूर कर शंकायें हों तो दूर कर देते हैं। उन से तुम लोगों को भी कुछ पूछना हो तो तैयार होकर जाइयेगा" कहा।

कुछ बच्चों ने आराम की साँस ली तो लगता है और कुछ बच्चों के मन में डर घर कर गया है। उन में कानाफूसी हो ही रही।

"ठीक है अब अपनी-अपनी किताबें खोलो। उस के बाद ठाने जाने या न जाने के बारे में इत्मीनान से सोचियेगा" कहकर अरुंधती ने उनका ध्यान आकृष्ट करने के लिए डस्टर से टेबल पर ठकठकाया।

पीरियड के खत्म होने के बाद सब बच्चों को कतारों में मैदान में भेजने के बाद अरुंधती स्टॉफ रूम चली गई। विद्यार्थियों के साथ समाज शास्त्र पढानेवाले और पीटी इंन्चार्ज दोनों टीचरों को भेजा गया।

पिछले चंद सालों से सरकारी इस्कूलों में दाखिला लेनेवाले बच्चों की संख्या कम होती जा रही है। इसका पहला कारण है, सरकारी स्कूलों की पढाई के बारे में गलतफहमी, दूसरा है अंग्रेज़ी माध्यम से अध्यापन की ओर मध्यम वर्ग में भी बढती जा रही रुझान! तीसरा है मूलभूत सुविधाओं का स्तरीय न होना। विशेषकर अरुंधति जिस स्कूल में पढा रही है, उस के इर्दगिर्द के सरकारी आवासों को खाली करवाकर ढहा दिया गया तो आसपास के परिसरों में पेड-पौधे बेतरतीब बढकर जंगल सा बन जाना।

सरकारी स्कूलों में छात्रों की संख्या बढाने के लिए सरकार 'अध्ययन उत्सव','पाठशाला की ओर' आदि जैसे क्रियाकलाप आयोजित करती ही आ रही है।

इसी दिशा में पुलिस विभाग भी एक संगठन का रूप धरकर चौराहों में भीख माँगनेवाले बच्चों को और बाल श्रमिकों को बंधुवा मजदूरी से छुड़ाकर उन्हें कुछ दिनों के लिए किसी सेवा संस्था में दाखिला दिलाकर उन से थोड़ी सी लिखाई-पढ़ाई करवाकर उस के बाद बच्चों की उम्र की हिसाब से और उन की अध्ययन क्षमता के आधार पर विभिन्न कक्षाओं में दाखिला दिला रहे हैं। जिन पुलिसवालों को इस प्रकार की जिम्मेदारी सौम्पी जाती थी, वे अक्सर स्कूल आकर उन बच्चों के बारे में खुलासा किया करते हैं।

इस तरह दाखिला दिये गये बच्चे पहले कुछ दिनों के लिए बराबर स्कूल आकर उस के बाद छू मंतर हो जाया करते हैं। कुछ बच्चे अपने-अपने पुराने काम-धंधों में लग जाते हैं। लेकिन स्कूलों के रजिस्टरों में उनका दाखिला बिना कटे वैसे का वैसा बना रहता है।

एक दिन राधा टीचर चौथी कक्षा के कोई तीन बच्चों को लेकर स्टॉफ रूम आकर "ये तीनों पिछले एक हफ्ते से स्कूल नहीं आ रहे हैं। पूछा तो उनका जवाब आप ही सुनियेगा" कहा।

वही बैठी लता टीचर ने "क्यों रे ! कहाँ घूम रहे थे? इस्कूल क्यों नहीं आ रहे थे?" पूछा।

"हम न टीचर! गाँव गये थे"। उन में से थोडा बड़ा दिखनेवाले लड़के ने जवाब दिया।

"कौन सा गाँव? किस के साथ गये थे?"

"हम खुद गये थे टीचर। हम इस के आदी हैं, टेशन में गाड़ी पकड़ते। मूँग फली की टोकरी लेकर गाड़ी के डिब्बों में घूमते।"बिना हिचक-संकोच के जवाब दिया।

"अगर टिकट कलेक्टर पकड़ेगा तो?" किसी दूसरे टीचर का धर्म सूक्ष्म।

"चेकिंग्वाले उतार देते तो उतर जाते। नहीं तो नहीं। मूँग फली या समोसे की टोकरी हाथ में हो तो कुछ नहीं कहते। डिब्बों में कुछेक बड़े भाई जैसे होते हैं। वे फिर हमें इस तरफ आनेवाली गाड़ी में बिठा देते हैं" कहते जा रहे थे जैसे आदी-आम बात हो।

इस से वहाँ बैठे सब अध्यापकों को जैसे काठ मार गया। राधा टीचर ने बच्चों को वापस क्लाँस में भेज दिया।

"वे स्टेशन के प्लैटफार्म पर मटरगश्ती कर रहे थे तो रेल्वे पुलिसवाले उन्हें पकड़कर हाँस्टल में दाखिला दिलवाया है" किसी और टीचर ने कहा।

"हमारे स्कूल में कई सारे लड़के सवेरे घरों में दूध के पैकेट, अखबार बाँटा करते हैं। कुछ बच्चे शाम को भी क्लिनिक वगैराह में काम किया करते हैं। लड़कियाँ तो बर्तन या कोई और काम करती ही रहती हैं" गौरी ने कहा। रेगुलर बच्चों के बारे में तो हम सब जानते ही हैं न! परेशानी तो इन जैसे बच्चों को लेकर ही होती है। इस तरह निकल जाते तो काम कैसे चलेगा? स्कूल के वक्त उन्हें कुछ हो जाता है तो हम ही को दोषी ठहराया जाता है न" लक्ष्मी टीचर ने डरी सी कहा।

"वैसे तो उनके न आने को लेकर गैर हाज़िरी लगा देते हैं तो साल के आखिर में हाज़िरी कम होने की वजह से उन्हें फैल कर देना पड़ता है। फैल कर देते हैं तो स्कूल आना बिल्कुल ही बंद कर देते हैं" लता टीचर खीज गई।

"उनके न आने पर भी हाजिरी लगा देते हैं समझो, ये लोग कहीं पकड़े जाते हैं तो पुलिसवाले हमारी नाक में दम कर देते हैं।

"हाँ सही बात! इस के पहले एक बार छटी कक्षा की लड़की घर छोडकर चली गई तो हम ने कितनी परेशानी का सामना किया है याद है न आप लोगों को! हाज़िरी के कम हो जाने की बात को लेकर हम ने तब उस लड़की की हाज़िरी लगा दी तो? बाद में उस लड़की के घरवालों ने उस के भाग जाने के बारे में पुलिस में शिकायत दर्ज़ कराई तो हुड़दंग मच गया था न? किस्मत अच्छी थी कि हाज़िरी लगाने के बगैर उस के नाम के आगे बिंदु लगाकर छोड़ दिया तो हम बाल-बाल बच गये"।

"कहते हैं कि ड्राप औट नहीं होने चाहिये। बाल श्रमिकों के कल्याण के लिए काम करनेवाली संस्थायें सड़क छाप बच्चों को लाकर दाखिला दिला देकर हाथ झाड़कर निकल जाते हैं" लता ने झल्लाया।

उनका तो कोई सानी ही नहीं रखता। सरकार भी हफ्ते भर के दिनों के लिए 'अध्यापन दिवस' और 'स्कूल की ओर' आदि मनाकर यही बहुत है समझे तो ऐसा ही होता है " अरुंधती ने कहा।

पाठशालाओं में प्रसाधन और पीने के पानी की सुविधा है या नहीं कोई नहीं सोचता। विषयवार टीचर हैं या नहीं कोई नहीं पूछता। ऐसा हो तो सरकारी पाठशालाओं की दिशा में बच्चों को कैसे आकृष्ट करें और उनको कैसे रोके रख सकते हैं?' टीचरों के मन में कई तरह के सोच-विचार बवंड़र मारने लगे।

"अरुंधती टीचर आप ही हैं न?" किसी ने आवाज दी तो विचारों का ताँता टूटा और अरुंधती ने आनेवाले की तरफ निहारा।

बाल श्रमिक सेवा संस्था की महिला किसी बच्चे को साथ लेकर आई।

"इस लड़के को आठवीं कक्षा में दाखिला दिलाने आई" उस महिला ने कहा।

"सातवीं का प्रमाणपत्र है?" अरुंधती ने पूछा।

लड़के ने कभी दो साल पुराना मटमैला, रंग उतरा प्रमाण पत्र अरुंधती के हाथ दिया।

उस लड़के का भाषा ज्ञान, गिनती वगैरह के बारे में थोड़ी सी जानकारी हासिल करने के लिए उसे कोरा कागज़ देकर "तुम्हारा नाम और गाँव का नाम लिक्खो। तुम्हें जितना पहाड़ा आता है वह भी लिक्खो। उसके बाद ये टीचर कुछ शब्द डिक्टेशन देंगी" कहा।

थोड़ी देर बाद उस लड़के ने उसका लिक्खा कागज अरुंधती को दिया। लड़के ने अपना नाम ठीक ही लिखा। बाकी शब्द गलत लिखे। पहाड़ा भी कुछ ही लिखे। अरुंधती ने उस कागज़ को ऊपर-नीचे देखकर अक्षर माला ही ठीक नहीं लिख पानेवाले इस लड़के को कैसे सान चढा सकते हैं? लम्बी साँस भरकर हाज़िरी रजिस्टर में उस का नाम दर्ज़ किया।

# 11

# कच्चे मन पर मैली मुद्रायें

गोल्कोंडा के चौराहे पर बस उतरकर गौरी और अरुंधती ने स्कूल का रास्ता लिया। वह आड़ा रस्ता है, गली-गलियारों से गुजरने पर भी स्कूल से वह पास पड़ता है। सो उस तरफ जानेवाली बस मिल जाती है तो दोनों गोल्कोंड़ा चौरास्ते पर ही उतर जाती हैं।

दुनिया भर की बातें करते-करते स्कूलवाली गली में घुसने तक उन दोनों ने महसूस किया है कि माहौल कुछ बदला-बदला सा है। वहाँ जिन विद्यार्थियों से उनका सामना हुआ है उन के चेहरे बदले-बदले से हैं, उनका बगले झाँकना, कन्नी काटना और उनका अभिवादन करने का तरीका दोनों टीचरों की नज़रों में पड़ ही गये। कुछ छात्र स्कूल की चहर दीवारी के पस खडे होकर उन पर लिक्खी बातों को देख रहे हैं। इन दोनों टीचरों को देखते ही सब के सब वहाँ से तुरत-फुरत निकल चले गये। तब यूँ ही उस तरफ नज़र दौड़ाई तो टीचरों के चेहरे पर काटो तो खून नहीं। एक दम फीके पड़ गये।

जल्दी-जल्दी स्कूल जाकर स्टाँफ रूम गईं। वहाँ के दो-चार टीचर खुसुर-फुसुर बातें कर रहे हैं। अरुंधती प्रधान प्राध्यापिका के कमरे की तरफ गई। तब तक वहाँ दो और वरिष्ठ अध्यापक बैठे हुये हैं।

हेड मिस को अरुंधती ने धीमे स्वर में अभिवादन किया। उन्हों ने सर हिलाकर उनके आगेवाली कुर्सी दिखाई। अरुंधती बैठकर वहाँ पहले से ही की जा रही चर्चा पर ध्यान देने लगी।

'यह काम किसने किया होगा'? पर चर्चा चल रही है।

सब अध्यापकों की यह भावना रही कि इस साल की दसवीं का बैच तो बहुत ही बढिया बैच है। शायद उनके हाथों की करतूत होगी? नहीं तो हमारे स्कूल के स्टाँफ पर प्रतिकार करने को सोचकर काँलनीवालों में से किसी ने किया हो? इस तरह सब लोग अपनी-अपनी शंकायें व्यक्त करते जा रहे हैं।

एक-एक टीचर आकर हाज़िरी लगाकर जा रहे हैं। पैनी दृष्टि दोड़ायें तो लगता है कि हैई स्कूल की कक्षाओं, विशेषकर दसवीं कक्षाओं को पढानेवाले टीचरों को ही लक्ष्य बनाया गया है। तो कांटा दसवीं कक्षा के छात्रों की तरफ ही इशारा कर रहा है।

अगर उन्हों ने ही किया होगा तो यह मंतव्य व्यक्त किया गया है कि उन बच्चों के माँ-बाप को बुलाकर उन के सामने ही बच्चों को सचेत किया जाये।

इतने में प्रेयर की घंटी घनघनाई। सुनते ही सब बच्चे प्रार्थना हेतु मैदान में कतारों में खड़े हुये। दसवीं कक्षा के अध्यापक वहाँ से नहीं हटे। सिर्फ हेड मिस ने जाकर प्रार्थना पूरी करके सब बच्चों को अपनी-अपनी कक्षाओं में भिजवा दिया। जिनको बात समझ में आई हो, जिनको नहीं आई हो दोनों के खौफ खाये रहने के कारण पूरे स्कूल के आवरण में एक गम्भीर नि:शब्द छाया हुआ है।

प्रेयर के सम्पन्न होते ही आई संध्या टीचर ने "क्या हुआ? कैसे हुआ? किसने किया है यह काम? इस पर कौन सी कार्रवाई की जा रही है? जिस किसी ने भी किया हो उसका चमड़ा उधेड़कर टीसी देकर स्कूल से बाहर खदेड़ देना है उसे " आग उगलती हेड मिस के कमरे में आई।

"इस से क्या फायदा?" अरुंधती ने कहा।

"भले ही इस से कोई फायदा न हो, लेकिन कुछ नहीं करेंगे तो हमारी तौहीन होगी" पद्मा ने कहा।

संध्या टीचर बैठने के लिए कुर्सी के लिए देखा, पर वहाँ कोई कुर्सी नहीं दिखी तो खडी ही रही।

"तुम अपना क्लाँस सम्भालो संध्या! क्या किया जा सकता है, हम सोच ही रहे हैं" हेड मिस ने आश्वस्त किया।

कुछ बुदबुदाती संध्या वहाँ से निकल गई। क्लाँस टीचर, अरुंधती और एक सीनियर टीचर के सिवा सब को क्लाँसेस में भिजवा दिया गया।

"अरुंधती! दसवीं कक्षा के सारे बच्चों को बुला भेजो। हाँ! पहले लड़कियों को" हेड मिस ने हिदायत दी।

अरुंधती को उस क्लाँस में जाकर बच्चों को बुला लाने में हिचकिचाहट सी होने लगी। लेकिन फिर भी जो हुआ उसके खिलाफ कर्रवाई या नहीं तो कम से कम उसकी प्रतिक्रिया व्यक्त नहीं की जाये तो बच्चों की नज़रों में उतर जायेंगे मानकर छात्रों को बुलाकर लाने कक्षा में गई।

अरुंधती के क्लाँस में प्रविष्ट होते सब के सब विद्यार्थी खड़े होकर नतमस्तक हो गये। लड़कों को बैठ जाने को कहकर लड़कियों से कहा कि "हेड मिस तुम लोगों को बुला रही हैं, चलो मेरे साथ" कहकर लड़कों की तरफ देखकर "लड़कियों के वापस आने के बाद तुम लोग चले आओ" कहकर लड़कियों को साथ लेकर हेड मिस के कमरे में गई।

चंद दिन पहले क्लाँस में जो घटनायें घटी थीं, उन के बारे में लड़कियों से तरह-तरह से जाँच पड़ताल की गई।

सब लड़कियों ने समवेत कहा कि 'कुछ नहीं हुआ मेडम'।

"टीचरों ने क्लाँस में तुम लोगों को किसी तरह का सज़ा दिया है या जोर से डांटा-डपटा है क्या?" क्लाँस टीचर ने सवाल किया।

"बिल्कुल नहीं मेडम" एक लड़की ने दावे के साथ कहा।

"तिमाही इम्तहान नज़दीक आ रहे हैं न मेडम! हम सब कापियाँ पूरी कर रही हैं, खाली पीरियड भी नहीं होते ..." किसी और लड़की ने जताया।

"कल बहुत सारे बच्चे क्लाँस से गैर हाज़िर थे न?" राई-रत्ती पूछती सी क्लाँस टीचर ने सवाल किया।

"हाँ टीचर! नरसों हमारे क्लाँस के नरेश की दीदी की शादी थी, कल भी दावत थी तो नरेश के दोस्त दावत में शरीक होने गये"

"बाकी लोगों का क्या हुआ"? ...

"नहीं पता टीचर" डरी-डरी सी आवाज़ में बोलीं।

"ठीक है! तुम लोग जाकर लड़कों को भेजो" कहा।

आज लगता है कि क्लाँस में कोई भी लड़का गैर हाज़िर नहीं हुआ तो सब चले आकर हेड मिस के कमरे के आगे इक्ट्ठे हुये।

पहले अरुंधती को ऐसा सूझा कि एक-एक करके पूछना बेहतर होगा। लेकिन अगले ही पल विचार आया कि सब को मिलाकर एक साथ पूछा जाये तो उन्हें बात बदलने का मौका नहीं मिलेगा।

सब से पहले सब बच्चों से परामर्श किया गया है कि इस साल आप के बोर्ड एक्जाम हैं न? क्लाँसेस ठीक-ठाक चल रहे हैं न? जो पढ़ाया जा रहा है वह ठीक से समझ में आ रहा है ? कोई विषय कठिन तो नहीं लग रहा है ? कापियाँ जब की तब पूरी कर रहे हैं ?" कुछ इस तरह से उन से बात करके हेड मिस ने बच्चों का ध्यान अपनी ओर आकृष्ट किया।

तब तक कुछ बच्चे डरे-डरे से, कुछ बेपरवाही से, जो भी होगा देखा जायेगा से निड़र - खड़े रहे। हेड मिस के इस तरह बात करने से उनका ढाढस बँध गया। धीरे-धीरे वे भी अपनी समस्यायें जाहिर करने लगे।

"तुम लोगों में से कोई ट्यूषन पढने जा रहा है क्या?" अरुंधती ने पूछा।

"कोई नहीं जा रहा है टीचर" जवाब मिला।

सब बातों के खत्म होने पर हेड मिस सौ बातों की एक बात पर आईं " यह काम किसने किया? तुम लोगों को डरने की कोई जरूरत नहीं है। क्यों किया ऐसा काम? तुम लोगों की कोई परेशानी हो तो किसी टीचर से या मुझ से साफ-साफ बताना चाहिये था। ऐसा नहीं करके इस तरह का असभ्य व्यवहार कोई शोभा देता है क्या? तुम लोग शिक्षित वह भी ऊँचे दर्ज़े के विद्यार्थी हैं..."

इस साल दसवीं में अच्छे रिजल्ट लानेवाले बच्चे हैं। सब टीचरों ने मुझ से बताया था कि तुम लोगों का अच्छा बैच है। लेकिन तुम लोगों ने जो किया है उस के बदले में क्या सलूक किया जाये, मेरी समझ में नहीं आ रहा है। तुम लोग ही बताओ कि मैं क्या करूँ! स्कूल से बरख्वास्त कर बाहर भेज दूँ क्या? सच मानो कि हम यहाँ तक कर सकते हैं जिस से तुम लोग आगे जाकर न तो पढाई जारी रख सकते हैं और ना ही इम्तहान में बैठ सकते हैं। इतने सालों की पढाई बेकार हो जायेगी। तुम लोगों में से कुछ लोगों की लापरवाही से किया गया काम सब लोगों पर बुरा असर डालेगा जिस से सब लोगों को सजा भुगतना पड़ेगा ..." होते-होते मेडम की आवाज में कड़ाई बढ रही है। बीच-बीच में क्लाँस टीचर भी वही बात दुहराने लगी।

"बिना डरे सच-सच बताओ। अपने आप गलती मान लेना बेहतर है कि यह गलती किसने की । बात इस से आगे बढने मत दो। कम से कम यह बताओ कि तुम लोगों को किस तरीके का सज़ा दिया जाये?"

मेडम की आवाज़ में गम्भीरता बढती जा रही है कि वे अपना फैसला साफ-साफ बताने जा रही हैं।

सब की शंका उन में से छ: - सात बच्चों पर ही टिकी हुई है। बाकी बच्चे उन की तरफ जिस तरीके से देख रहे हैं उसी से यह बात साफ जाहिर हो रही है कि उन बच्चों में से ही किसी ने यह काम किया होगा।

थोड़ी देर बाद बाकी बच्चे रोना-धोना शुरू करके “हमें कुछ पता नहीं मेडम! हमें कुछ नहीं करियेगा मेडम “कहते हुये हेड मिस के पाँव पकडने लग गये। उन को रोककर क्लाँस में भिजवा दिया गया। अरुंधती भी उन्हीं के साथ निकल गई।

अरुंधती के साथ चलनेवालों में से एक लड़के ने “टीचर वह गणेश का बच्चा है न! उस के संगतवाले सब संध्या टीचर के घर उनके छत पर शाम को पढने जाते हैं टीचर। शुरू-शुरू में मैं भी जाया करता था टीचर”। “हमारा पूरा छत खाली पड़ा रहता है न? तुम लोग घर पर ठीक से नहीं पढते। हमारे घर आकर पढा करो। चाहो तो तुम लोगों की समझ में नहीं आनेवाली बातें मैं समझाया करती हूँ कहती थी संध्या टीचर”। इसीलिए उनके यहाँ जाते थे। लेकिन हमारी शंकायें दूर करना तो दूर, संध्या टीचर हमारे क्लाँसेस लेनेवाले टीचरों के बारे में पूछना, उन पर खाली-पीली कामेंट करना ज्यादा करने लगी। सो मैं उनके यहाँ जाना ही छोड़ दिया “ सहमे-सहमे सारी बात उगल दी।

सुनकर अरुंधती अचम्भित रह गई।

कोई दूसरा लड़का “हाँ टीचर ! कल रमेश की दीदी की शादी में इन सब लोगों ने खूब नशा किया। संध्या टीचर ने बाकी टीचरों की जो टीका-टिप्पणी की थी उस के बारे में नशे में धुत्त होकर गाली-गलौच भी करने लगे। बाद में इस्कूल के पास जायेंगे चलो, कहकर वहाँ से निकल गये। उनके साथ जाने में डर लगा तो मैं दावत खत्म होते ही वहाँ से सीधे घर चला गया टीचर !”

विद्यार्थियों के सामने ही दूसरे अध्यापकों के बारे में नकारात्मक टीका-टिप्पणी करने का यह है दुष्परिणाम! आज कुछ लोगों के साथ हुआ है तो कल कुछ और लोगों के साथ हो सकता है - अरुंधती ने मन ही मन सोचा।

जिन लड़कों ने अपनी गलती मान ली उन्हीं से सारी दीवारें साफ करवाके, उन्हीं से सफेदी मँगवाकर पुतवाई गई।

कच्ची उम्र में उन सातवीं और आठवीं कक्षाओं के बच्चों को पढ़ानेवाले अध्यापकों के बारे में दीवारों पर लिखे अपशब्दों पर सफेदी पोतकर मिटाते रहे बच्चों को देखकर अरुंधती का मन विकल-व्याकुल हो उठा।

# 12

# इतना तो बस है, हिया हुलसने

"इस बार की छुट्टियों में किस-किस ने क्या-क्या किया? कुछ नया सीखा है क्या?" गर्मियों की छुट्टियों के बाद स्कूल खुलने के पहले दिन अरुंधती ने नौव्वीं कक्षा के छात्र-छात्राओं से पूछा –

किसी ने कोई जवाब नहीं दिया।

"क्या हुआ? कोई जवाब देता क्यों नहीं? सारी छुट्टियाँ सिर्फ सिनेमा या टीव्ही देखने में ही जाया कर दिया क्या?" अरुंधती की आवाज़ में थोडी सी कड़ाई झाँकने लगी।

अब भी पूरे क्लाँस में चुप्पी सधी हुई है।

"कोई कारीगरी सीखना, गाना-बजाना या खेल-कूद कुछ भी नया नहीं सीखा है तुम लोगों ने?"

सारे बच्चे सर झुकाये चुप बैठे हैं। ऐसा नहीं चलेगा सोचकर अरुंधती ने एक-एक विद्यार्थी को खड़ा करके उस ने क्या-क्या किया पूछने लगी।

अब टीचर को कुछ-न-कुछ बताना ही पडेगा सोचकर एक-एक खड़ा होकर बताने लगा।

लड़कों में से कुछों ने कहा कि वे अपने बापू के साथ बिजिली के काम पर गये। कुछ लड़कों ने कहा कि वे नलसाज़ी पर गये थे। कुछ औरों ने कहा कि वे घरों में पैंटिंग के काम पर गये।

उन को शायद लगा हो कि ऐसे काम करने में उनकी तौहीन होगी। इसी लिए सर झुकाकर बता रहे उन बच्चों को देखकर अरुंधती के कलेजे में काँटा सा लगा।

एक मिनिट मौन रहकर अरुंधती ने "यह तो बढ़िया है। आपके माँ-बाप के साथ ऐसे कामों पर जाकर दसवीं के बाद आईटीआई करोगे तो तुम लोगों को किसी कल-कारखाने

में छोटी-मोटी नौकरी जल्दी मिल सकती है। उसके बाद आगे और पढ़ना चाहोगे तो आँन लाइन पढ़ाई भी की जा सकती है" कहकर अरुंधती ने बच्चों को शाबाशी दी।

लड़कियों में से कुछ ने कहा कि उन्हों ने घर पर ही टीके की बिंदियाँ तैयार करके दूकानों में दी है।

कुछ लड़कियों ने कहा कि उनकी बस्तियों में फूल थोक में टोकरियों में आते हैं तो उन्हें गजरे और गुलदस्ते बनाने का काम हमेशा रहता है और वे छुट्टियों के दौरान ज्यादा काम करती हैं तो ज्यादा पैसा कमाती हैं।

कुछ लड़कों ने छुट्टी के दोनों महीने प्रिंटिंग प्रेस्स में कापियाँ बनाने के यहाँ काम किया है। इस्कूलों के खुलने के पहले आर्डर अधिक होते हैं तो प्रेसवाले ही इन्हें काम पर बुलाया करते हैं।

सब बच्चों ने छुट्टियों के दौरान उन्हों ने क्या-क्या किया था उनके बारे में शर्मिंदा होते-संकोच करते ही बताया।

अरुंधती के मन में यह विचार आया कि समर कैम्पों में जाने के लिए न तो उनके पास वक्त है और न ही उनके माँ-बाप कोई धन्नासेठ !

"बहुत खूब! दो महीनों की छुट्टियों में खा-पीकर वक्त बरबाद करने के बगैर जो भी काम तुम लोग़ों के बस में हो करते हुये खुद तुम लोगों के लिए या तुम्हारे परिवार के लिए कुछ न कुछ कमा रहे थे तो इस में शर्माने की बात कतई नहीं है। बल्कि सीना तान कर जग को बताने की है" कहकर उनकी तारीफ की अरुंधती ने।

"ठीक है! तो फिर बाकी लोगों ने कुछ किये बिना ही छुट्टी काट दी है न? नहीं सोचा कि कुछ किया जाये?" बाकी बच्चों की तरफ देखते हुये पूछा।

उन्हों ने कुछ नहीं कहा तो वक्त अनमोल है। एक मिनिट भी निकल गया तो फिर वापस नहीं आयेगा। छुट्टियों के दिन सीखने के लिए गरीब-गुरबों के लिए कम फीस के साथ सिखाये जानेवाले कोर्स और मुफ्त में सिखाये जानेवाले बहुत सारे कोर्स सेट्विन जैसी संस्थाओं में रहते हैं। इसी तरह कम्प्यूटरवाले कोर्स भी सीखे जा सकते हैं। ये दो साल कम से कम छुट्टियों में ही क्यों न हो सीखते हैं तो दसवीं पूरी करने तक आपको आइडिया हो जाता है। आप लोग आगे पढ़ेंगे तो काम आयेगा। या किसी पेशे में भी काम आ सकता है " अरुंधती ने राई-रत्ती समझाई।

बच्चों ने अरुंधती का कहना गौर से सुना। उसी वर्ष में आरम्भ की गई नई पाठ्य प्रणाली में गणित और भौतिक शास्त्र की वाचिकाओं में कम्प्यूटरों पर पाठ शामिल किये

गये थे। कम्प्यूटरों के बारे में अरुंधती का ज्ञान भी सरसरी ही रहा।

एक दिन हेड मिस ने अरुंधती को अपने कमरे में बुलाया और वहाँ बैठे कुछ लोगों को दिखाकर –

"अरुंधती! इन लोगों का कहना है कि ये ' चिप मास्टर्स' के नाम से कम्प्यूटर इंस्टिट्यूट चला रहे हैं। हमें मंजूर है तो एक-एक विद्यार्थी से माहवार पंद्रह रूपयों की फीज़ लेकर हफ्ते में दो बार उन की इंस्टिट्यूट में या अपने ही कम्प्यूटर हमारे यहाँ लाकर सिखायेंगे। हैस्कूल के बच्चे शामिल होने को इच्छुक होंगे क्या? – उन से पूछ लेना। कितने शामिल होना चाहते हैं पता लगाने से हम इनको बता सकते हैं" कहकर जिम्मेदारी अरुंधती को सौम्पी।

अरुंधती बेहद खुश हुई। जिन बच्चों ने कभी कम्प्यूटर को देखा तक नहीं, उन को कम्प्यूटर के हिस्से-पुर्जों के बारे में समझाने में वह काफी परेशानी झेल रही है। ठाना कि जैसा बने वैसा बच्चों को इस प्रशिक्षण में शामिल किया जाये।

आठवीं कक्षा से लेकर दसवीं तक के छात्र-छात्राओं को इस के बारे में समझाकर इतनी कम फीज़ में सीख पाने और आगे पूरा जमाना कम्प्यूटरीकृत होगा तो अभी उनके द्वारा हासिल किया गया ज्ञान किस हद तक उनका काम आयेगा आदि के बारे में विस्तार से समझाया। सो बहुत सारे बच्चों ने दिलचस्पी दर्शाई।

ले-देकर हर शुक्र और शनीचर के दिन कम्प्यूटर क्लाँसेस चलाने के लिए "चिप मास्टर्स " संस्था से समझौता किया गया। उन लोगों ने ही चार कम्प्यूटर और उसके कल-पुर्जे लाकर छात्रों के दो ग्रुप बनाकर एक ग्रुप को प्राक्टिकल और दूसरे ग्रुप को थियरी पढ़ाना शुरू किया। बिना नागा के उन्हों ने क्लाँसेस चलाये।

अगस्त से लेकर फरवरी तक पढ़ाकर फरवरी के आखिर में टेस्ट लेकर प्रमाण पत्र देने के लिए कहा गया है तो बच्चे भी काफी उत्साह और शिद्दत के साथ सीखने लगे।

उन क्लाँसेस की देख-रेख करने की जिम्मेदारी अरुंधती को ही सौम्पी गई। वह भी कम्प्यूटर से सम्बंधित जिन बातों से अनजान है, उन के बारे में जानकारी हासिल करने लगी। कुछ विद्यार्थी समय पर फीज़ नहीं भर पाते हों तो अरुंधती सम्भल लेती थी।

कुल मिलाकर पाठ्यप्रणाली के पूरे होने के बाद बच्चों का टेस्ट लेकर उन सब को चिप मास्टर्स ने प्रमाण पत्र प्रदान किये हैं तो बच्चे काफी खुश हुये।

प्रमाण पत्र वितरित करते वक्त चिप मास्टर्स ने कहा कि वे अगले साल अगस्त में दूसरे स्तर के क्लाँसेस चलानेवाले हैं और कोई इस के आगे का कोर्स करना चाहेगा तो कम

फीज़ लेकर उनके इंस्टिट्यूट में दाखिला देंगे कहकर उनके रजिस्टर्ड कार्यालय का पता भी बताया।

"फीज़ भर पाओगे तो तुम लोग जाकर सीख लो। वैसे तो चिप मास्टर्स वाले हम से परिचित हो ही गये हैं। कम फीज़ के लिए भी राज़ी हो रहे हैं तो तुम लोग इस मौके को हाथ से जाया न करें "अरुंधती ने परामर्श दिया।

तदुपरि दो-तीन साल लगातार कम्प्यूटर क्लाँसेस करीने से जारी रहे। उसके बाद हेड मिस सेवा निवृत्त हो गई। सरकार के बदल जाने से कायदे-कानून का भी बदलना होता है तो कम्प्यूट क्लाँसेस ठप्प पड़ गये।

उस के बाद किसी सेवा संस्था ने स्कूल को चार कम्प्यूटर प्रदान किये। कम्प्यूटर कक्ष का बंदोबस्त करके उसका धूम-धाम सेउद्धाटन भी किया गया।

कम्प्यूटर सिखाने की जिम्मेदारी अरुंधती के हाथ से किसी दूसरे के हाथों सौम्पी गई। सेवा संस्था द्वारा मुकर्रर किया गया टीचर अपनी सहूलियत के अनुसार आ-जाया करने लगी। इस से रेगुलर क्लाँसेस के चलने में बाधा पडने लगी और होते-होते कम्प्यूटर क्लाँसेस बंद भी कर दिये गये।

उस के बाद कुछ दिन गुजर गये। एक दिन सवेरे सारे टीचरों के स्कूल आने तक स्कूल के गेट पर हुडदंग मचा हुआ है।

'क्या हुआ' किसी टीचर ने पूछा।

कह रहे थे कि स्कूल के सारे कम्प्यूटर चोरी चले गये। स्कूल में वाचमेन के रहते एक-दो नहीं चारों के चारों कम्प्यूटरों के चोरी चले जाने के पीछे बहुत सारे किस्से-कहानी सुनने में आये। सब टीचरों के समवेत कहने पर भी हेड मिस और उन के सहायक से लेकर वाचमेन तक कोई भी इस बात से राज़ी नहीं हुआ कि ठाने में रपट लिखवाई जाये।

कम्प्यूटरों के गायब होने के मायाजाल के पीछे कौन है भगवान ही जानें।

कमोबेश चार साल बाद एक दिन बस स्टाँप पर खडी अरुंधती के सामने कोई आँटो आकर खड़ी हुई।

"टीचर आप कोठी की ही तरफ जा रही हैं न? मुझे भी उसी तरफ जाना है आइयेगा " कहा आँटो में बैठी किसी कन्या ने।

अरुंधती पशोपेश में उस की तरफ देखा।

"मैं हूँ टीचर! ईश्वरी " कहकर दुबारा उस लड़की ने आमंत्रित किया है तो अरुंधती जाकर आँटो में बैठी।

"टीचर आप कैसी हैं? मैं बी काँम कम्प्यूटर कोर्स पूरा करके अब साईं कृपा अस्पताल में डाटा एंट्री आँपरेटर की हैसियत से काम कर रही हूँ। मैं इस तरह कोर्स पूरा करके नौकरी कर रही हूँ तो यह सब आपकी प्रेरणा-प्रोत्साहन की ही बदौलत है टीचर" ईश्वरी की आँखों में और उसकी बातों में अरुंधती के प्रति उसके आदर-सम्मान झलक-जाहिर हो रहे हैं।

अरुंधती का मन भी बेहद संतुष्ट हुआ तो उसने ईश्वरी का हाथ अपने हाथों में लेकर हल्के से दबाया।

# 13

# बौने दिमाग

"अरुंधती! आज आखिरी पीरियड के खत्म होते ही सरोजा टीचर के यहाँ जाने को सोच रहे हैं। थोड़ी देर पहले उसके बेटे ने आकर कहा कि उस की तबीयत बिलकुल ही खराब है और वह हम सब को देखना चाहती है। कहा जाता है कि अब उसके आखिरी दिन हैं। एक बार जाकर देख आयें तो अच्छा होगा " जया टीचर ने नौवीं में पढा रही अरुंधती के पास आकर बताई। सुनते ही अरुंधती को नहीं सूझा कि क्या कहा जाये। थोड़ी देर चुप रहने के बाद कहा "ठीक है, चलते हैं"।

तभी उस तरफ आई राधा टीचर ने प्रतिकार की भावना भरी आवाज में कहा "स्कूल में जितने दिन काम किया था उसने सब को परेशान करके रखा था इसीलिए आखिरी दिनों में भुगत रही है" कहा।

"हाँ! मेरे नौकरी में भर्ती होने के दिन से एक दिन भी उनको क्लाँस में पढाते हुये नहीं देखा। लेकिन फिर भी विद्यार्थी तो उनके बैग को एक क्लाँस में से दूसरे क्लाँस में ले जाया करते थे जैसे भरत रामजी  की पादुकाओं को ले गया था" अरुंधती ने कहा।

"हैरानगी की बात यह है कि वह स्टाँफ रूम में ही बैठकर खिड़िकी में से अपनी नज़रें बरपाया करती थी। बस! उसके क्लाँस में न रहने पर भी छात्र-छात्रायें गाइड देखते हुये चुपचाप बैठकर कापियाँ लिखा किया करते थे" राधा ने अपनी बात जताई।

"और तो और! यूनिट के एक्जाम भी प्रश्न पत्र दे दें तो वे खुद ब्लैक बोर्ड पर लिखकर परीक्षा सम्पन्न करके काँपियाँ ले जाकर उसे दे दिया करते थे।"

इतने में लंचवाला बेल बजा तो तीनों स्टाँफ रूम चली गई।

वहाँ भी सब लोगों के बीच में सरोजा टीचर को लेकर ही चर्चा चल रही है। "लंच अवर में हमारे स्टाँफ रूम आने तक सरोजा टीचर सब के लंच बाँक्स खोलकर उन में अपनी

पसंद के पकवान हों तो थोड़ा-थोड़ा  लेकर आराम से खा जाती थी" सुनंदा टीचर हँसते-हँसते ही कह रही थी।

"तो फिर आप लोग क्या खाया करतीं थी" नई भर्ती हुई वाणी ने आश्चर्य से पूछा।

"क्या किया जा सकता है! मेरे बड़े भाई का घर स्कूल के बगल में ही है न? किसी स्टूडेंट से खबर भेजते तो हमारी भाभी खाने के लिए कुछ-न-कुछ ला दिया करती थी " सुनंदा ने जवाब दिया। वाणी  प्रकट नहीं कह सकी तो मन में ही सोचा होगा कि अध्यापन के पेशे में रहनेवालों में ऐसे भी होते हैं क्या?"

"हमने क्या-क्या नहीं देखा वाणी! स्टाँफ रूम के सामने से जानेवाले हर टीचर के नाम पर फ़बतियाँ कसती थी  या टीका-टिप्पणी किया करती थी... उसके बारे में कहना है तो और भी बहुत बाकी है।

"बिल्कुल ठीक! उन से खौफ खाकर कुछ टीचर तो स्टाँफ रूम के बदले में किसी और रूम में जाकर बैठते थे" अरुंधती ने कहा।

"इतना ही नहीं बात रूम के लिए आने से भी डर जाते थे। हफ्ते में कोई दो दिन दसवीं क्लाँस में तो जाती थी। ऐसे में ही हम स्टाँफ रूम आया करती थी" राधा ने कहा।

"उन्हें घरवाले कैसे बर्दाश्त कर पाते होंगे" वाणी की उत्सुकता।

"बर्दाश्त करने उसका कोई नहीं है। शादी नहीं की थी। लेकिन सुनने में आता है कि कोई लायर कभी-कभार उनके घर आता रहता था। सच्चाई क्या है हमें नहीं पता। अनाथाश्रम के किसी लड़के को गोद लिया है। उनके साथ उनकी दीदी भी रह्ती थी "सुनंदा ने सूचित किया।

सैडिस्ट मेंटालिटी ! उनके खिलाफ किसी ने शिकायत नहीं की  क्या?" राधा ने चिढ़ती हुई पूछा।

"नहीं तो! यही कारण है उसके इस तरह के बर्ताव का! गौरी ने वैचारिक मुद्रा में कहा।

"उसने जो भी भले का काम किया है तो वह है उस अनाथ बच्चे को गोद लेना। उसे अच्छी तरह पढ़ाया-लिखाया। बेटा-बहू उसी के साथ रहते हैं।

'वैसे तो क्या बीमारी है?' अरुंधती ने पूछा।

"एक नहीं! बहुत सारी बीमारियाँ आन पड़ी हैं एक साथ! छः सात महीने से सब खटिये पर ही हो रहा था। दो-चार दिन से बात भी ठीक से नहीं कर पा रही है। सुना कि ' स्कूल के टीचर' कह्ती बुदबुदा रही है। इसी लिए उस के गोद लिये बेटे राजू ने आकर हम

सब को बुलाया है। राक्षसन की तरह इतने दिनों से सता-परेशान करती रही तो भी बेटा अपनी जिम्मेदारी समझकर उसे निभा रहा है" तरसती हुई जया ने कहा।

इतने में घंटी बजी तो सब टीचर अपने-अपने क्लाँसेस में चले गये। लीजर पीरियड होने के नाते अरुंधती स्टाँफ रूम में ही बैठकर कापियाँ ठीक कर रही थी।

लेकिन उसका ध्यान कहीं और छितरा जा रहा। आँखें मूँदकर टेबलपर दाई कुहनी टेककर उस में अपना चेहरा ढाँपकर आँखें मूँद लीं।

पाठशाला में अध्यापिका के रूप में भर्ती होने के हफ्ते भर दिन बाद एक दिन सटाँफ रूम आकर एटैच बात रूम में शौच से निवृत्त होकर अन्दर से लगाई कुंड़ी खोल रही थी तो ' अरुंधती ' कहकर कोई उस का नाम ले रहा था तो वैसे ही खड़ी रही।

"यह जो अरुंधती है न! शायद वेश्या वाली जात की है ? देखने में या उसके बात करने में तो ऐसी लगती तो नहीं !" सरोजा टीचर कह रही थी।

नहीं लगता है टीचर! एससी या बीसी हो सकती है। मुझे याद आता है कि उसके भर्ती होने के दिन प्रमाणपत्र में देखा है " किसी और टीचर की आवाज।

नहीं! नहीं! उसका आवेदन मैं ने ही फाइल किया था। जात का नाम कुछ अज़ीब सा था मैं ने तो कभी नहीं सुना। लगता है वह कुछ ज्यादा ही नखरें करती है। किसी से बात तक नहीं करती" सरोजा टीचर की आवाज में फबती सुनाई दे रही थी। दरवाजे की कुंडी के खोले जाने की आवाज स्दुनकर कुछ कहते-कहते रुक गई कोई दूसरी टीचर।

बाहर आकर अरुंधती किसी की तरफ देखे बिना ही सीधी क्लाँस रूम में चली गई। जिस ढंग से वे बातें कर रही थीं उस से साफ जाहिर हो रहा था कि वे किस जात की हो सकती हैं। उस दिन से लेकर सरोजा टीचर के रिटायर होने तक अरुंधती ने स्टाँफ रूम में लंच तक नहीं किया। किसी और टीचर के साथ दूसरे क्लाँस रूम मे खाया करती थी।

दोपहर के पहले पीरियड के समाप्त होने को सूचित करती घंटी बजी तो अरुंधती के सोचने का ताँता टूटा।

तब तक पशोपेश में लगी रही अरुंधती ने पता नहीं क्या सोचा हो, बाकी टीचरों के साथ सरोजा टीचर के घर हो चली।

घर पर टीनवाले खटिये पर सरोजा टीचर लेटी हुई है जिस पर बिना किसी गद्दे के सिर्फ चादर बिछाया हुआ है। उस के बदन पर गंदी सडांध नैटी पहनाई हुई है। कमरा बदबू से हीक मार रहा है। एक-एक करके सब उस के पास जाकर अभिवादन करने लगे। लगता है कि वह लोगों को पहचान पा रही थी। उनका नाम बुदबुदाई सी ले रही थी।

सब टीचरों के जुहार करने के बाद जया टीचर ने सब से अलग दूर खड़ी अरुंधती का नाम लेकर "अरुंधती! जाकर अभिवादन करो न!" कहा। अरुंधती सरोजा टीचर के बिल्कुल पास जाकर उस के हाथ पर हाथ धरा। उस के हाथ पर सरोजा टीचर ने अपना दूसरा हाथ रखकर कुछ बुदबुदाया। उस ने क्या कहा हो अरुंधती की समझ में तो नहीं आया।

"सरोजा टीचर" अरुंधती ने धीमे स्वर में उसका नाम लिया।

फिर से उसने कुछ बुदबुदाया।

अरुंधती आहिस्ता-आहिस्ता सरोजा टीचर के हाथों में से अपना हाथ छुड़ाकर पीछे हट गई।

अब की सरोजा टीचर कुछ भी कहे, उस ने अरुंधती के दिल पर जो वार किया था उसका घाव भरेगा क्या!

चढती जवानी के बच्चों को स्कूल में धर्म निरपेक्षता के पाठ पढानेवाले पेशे में रहनेवाले ही अपनी-अपनी विवक्षताओं को सरे बाजार प्रकटकर रहे हों तो बच्चे क्या सीख पायेंगे?

किसी व्यक्ति को उसकी जात के बगैर उसके गुण और व्यवहार की बदौलत पहचानने के दिन दिन-ब-दिन दूर ही होते जा रहे हैं।

अरुंधती ने अनायास ही एक लम्बी साँस भरी।

# 14

# आबोह्वा - गुमराह

"स्टॉप टाकिंग " टेबल पर डस्टर से हल्के से ठकठकाती हुई अरुंधती ने छात्र-छात्राओं को सचेता। तब तक दो-तीन बार सचेत किये जाने पर भी तीसरी लाइन के बेंच से फुसफुसाहट सी बातें सुनाई ही दे रही हैं।

बड़ी गम्भीरता के साथ पढ़ाते वक्त हो रही खलल से अरुंधती खीज उठी। पढ़ाना बंद क़रके कुर्सी पर बैठ गई तो तब जाकर सब के सब चुप हो गये।

"मंजुला तुम यहाँ अगली बेंच पर बैठो। आगे से मेरे क्लाँस में तुम यहीं बैठा करे" गुस्से से कहा।

मंजुला अपनी किताबें वगैरह ले आकर पहली वाली बेंच पर बैठी। वहाँ बैठी लड़कियाँ सरककर मंजुला के लिए जगह बनाई।

हाँ! अब बता कमला! क्लाँस चल रहा है तो बीच में मंजुला के साथ की जानेवाली इतनी जरूरी बातें क्या हैं?"

अरुंधती की आवाज़ में तीव्रता ...।

कमला डरी-डरी सी खड़ी हुई। लेकिन कोई जवाब नहीं दिया। अरुंधती ने दुबारा पूछा तो –

"कुछ नहीं टीचर, गिनती समझ नहीं आई तो पूछ रही थी" अरुंधती की समझ में आ ही रही है कि वह झुठला रही है।

"समझ नहीं आई तो समझाने मैं हूँ न? तुम्हारा टीचर मैं हूँ या मंजुला? मुझ से पूछ सकती थी न" अरुंधती ने गुस्से से कहा।

"दुबारा पूछती हूँ तो आप चिल्लाती..." बीच में रुककर मंजुला की तरफ रुख किया कमला ने।

"सिर्फ आज ही नहीं। स्कूल के खुलने से लेकर तुम्हें देख रही हूँ। तुम्हारा खुद पढ़ना तो दूर की बात! तुम तो औरों को भी बिगाड़ देती। बाकी टीचर भी तेरे व्यवहार पर शिकायत करते आ रहे हैं" तीव्र स्वर में कहा। कमला सर झुकाकर खड़ी रही।

"क्यों मंजुला गिनती के बारे में ही पूछ रही थी क्या यह?" मंजुला से पूछा। मंजुला कमला की तरफ देखकर अपनी जगह खड़ी रही।

"हाँ टीचर ... उसी ने बताने के लिए पूछा तो...." मंजुला ने धीरे से कहा। लेकिन लगा कि उसके लाल-लाल गाल और झुकती जा रहीं आँखें कुछ और नई बात बता रही हैं। अरुंधती के मन में हल्की सी भावना कौंध गई। सो उसने अपने सवाल पर जोर नहीं दिया।

होमवर्क करने के लिए गिनती देकर बैग लेकर स्टाँफ़ रूम चली आई।

स्कूल छूटने के बाद घर जाते वक्त अरुंधती ने गौरी के सामने यह प्रसंग छेड़कर 'कुछ दिन और उन पर निगरानी रखी जानी है' कहा।

अगले दिन से मंजुला और कमला अलग-अलग मेजों पर बैठने

लगीं तो समस्या का हल निकल गया सा लगा।

दो दिन बाद लता दूसरी कक्षा के किसी बालक को साथ लाकर "सुनिये मेडम इसकी बातें" कहती स्टाँफ़ रूम आई।

"क्या कहता है" सबों ने उत्सुकता दर्शाई।

"कह रहा था कि यह और इसकी दीदी रोजाना नशा करते हैं" सुननेवालों को काठ मार गया।

"क्यों रे कैसी बातें करता है! रोज पीते हो क्या?" कमला ने अपना सवाल दोहराया।

"रोज नहीं पीते टीचर। कभी-कभार मेरे बापू के ड्यूटी उतरने तक बहुत देर हो जाती है न? तब तक हम सो जाते हैं न? तब नहीं पिलाते। किसी दिन, दिन के रहते ही आ जाता है। ड्यूटी उतरकर आते-आते चिकन और शराब साथ ले आता है। ऐसे में हमारी माँ हमें जल्दी ही खाना खिला देती है। दिन ढलते ही हम दोनों को ठर्रा पिला देते हैं तो गहरी नींद आ जाती है। बापू जल्दी घर आ जाता है तो उस रात को टीव्ही देखना नहीं होता। जल्दी सो जाने को बोलते हैं" बात मामूली सा बता रहा है तो सुननेवाले सब का मन भारी हो गया।

"ठीक है जा क्लाँस में" लता ने उसे भगा दिया।

"कितना अकृत्य देखो। माँ-बाप ही अपने बच्चों को शराब पिलाते हैं तो यह कहाँ तक संगत है?" किसी टीचर ने कहा।

इसकी बड़ी बहन राधा ने होम वर्क नहीं किया। कारण पूछा तो उस ने भी यही बताया। इस के क्लाँस में आकर इस लड़के से पूछा तो यह भी नशा करके जल्दी सो गये कह रहा था। इसीलिए आपके पास ले आई " लता ने कहा। सब टीचरों ने बच्चों में नशा करने की आदत डालनेवाले माँ-बाप को कोसने लगे। सोचती रही तो अरुंधती को लगा कि गल्ती इन मासूम बच्चों की नहीं है। "असलियत कुछ और है" कहा।

"इन के लिए घर का मायना सिर्फ एक कमरा है। उस एक कमरे में ही खाना बनाना और सब के एक साथ सोना होता है। उनकी दैहिक वांछायें पूरी करनी हो तो उसी एक कमरे में! घर में इस तरह कितने ही माँ-बाप अपनी वासनाओं को तृप्त करने अपने बच्चों को शराब पिलाते होंगे! यह बात इस छोकरे की वजह से प्रकाश में आई। यही कारण है कि तीज-त्योहारों और जथा-जुलुसों में बच्चों को पीकर झूमते हुये देखने में आता है " बात जिनकी समझ में आई उन टीचरों ने गहरी साँस भरी।

इसीलिए उनके लिए गाली-गलोच भी तकिया कलाम बन जाता है। उन्हों ने यह भी सोचा।

और दस-पंद्रह दिन बाद कमल स्कूल आना बंद कर दिया। क्लाँस में बच्चों से पूछा गया तो उन्हों ने कहा कि "उसके घरवालों ने बताया था कि कमला गाँव गई है"

कमोबेश महीने भर के दिन बाद भी कमला स्कूल नहीं आई तो टीचरों ने सोचा कि शायद कमल के माँ-बाप ने उस से स्कूल छुडवा दिया है। अरुंधती ने जताया कि "शायद इम्तहान के दिनों तक आये"।

स्कूल चल रहा है तो एक दिन पुलिसवाले आकर पूछताछ की कि कमल नाम की लड़की कितने दिन से स्कूल नहीं आ रही थी हाजिरी रजिस्टर दिखायें।

मसला क्या है पूछा तो बताया गया है कि उसके बाप ने पुलिस में रपट दर्ज़ करवाया है और पुलिस तहकीकात कर रही है। कमल के जानकार टीचर तरह-तरह की बातें करने लगे। क्लाँस में गई अरुंधती ने साधारण तौर पर सबक शुरू करते हुये क्लाँस के चारों ओर अपनी नज़रें दौडाई। सब बच्चों ने चुपचाप अपनी-अपनी किताबें खोलीं। लेकिन सिर्फ मंजुला के चेहरे पर मायूसी छाई हुई है।

क्लाँस पूरा करके अरुंधती "मंजुला सब की कापियाँ इकट्ठी करके रूम ले आ" कहकर स्टाँफ रूम चली गई।

वहाँ कोई टीचर नही रहा। लगता है सब के क्लाँसेस हैं। मंजुला कापियाँ टेबल पर रखकर वापस अपने क्लाँस में जाने को थी तो– अरुंधती ने " मंजुला कमल कहाँ गई तुम्हें पता है"? पूछा।

"मुझे पता नहीं टीचर" बिदककर जवाब दिया।

"तुम से कमल क्या-क्या कैसी-कैसी बातें करती रहती थी? तुम दोनों हमेशा खुसुरफुसर करती रहती थी ? क्यों और क्या कहकर सताया करती थी?" पुचकारती सी पूछा।

बिना कुछ बताये मंजुला सर झुकाकर खड़ी रही।

"कोई बात नहीं मंजुला। तुम्हें कुछ नहीं बोलूँगी किसी को बताऊँगी भी नहीं। तुम दोनों इसके पहले अच्छी तरह पढ़ती थीं। इस साल तुम्हारी पढ़ाई मंद पड़ गई। कुछ नहीं बोलूँगी न! डरना मत बता " अरुंधती ने उसका ढाढस बँधाया।

"गर्मियों की छुट्टियों में मेरी शादी हुई थी न टीचर? तब से लेकर मेरे बगल में ही बैठकर मुझे सताया करती रही। रात को रवी के बगल में ही सोती है न? वह क्या-क्या करता रहता है? सब बताने के लिए पूछती थी... और... और..." एक-एक बात शर्मो-हया सी, डरती हुई रुक-रुक कर कहती रुक गई।

"और ..." अरुंधती।

और कहती थी कि रात को बारह बजे के बाद टी व्ही में "कामसूत्र" नामक प्रोग्राम आता है। वह देखती है। मुझे भी देखने के लिए कहती थी " सर झुकाकर ही हौले-हौले सब बातें बताती गई ।

हतप्रभ अरुंधती कुछ कह न पाकर हाथ से ही इशारा किया कि वह क्लाँस में चली जाये।

खौफ खाई हुई सी मंजुला ने "किसी को मत बताइयेगा टीचर" कहा।

अरुंधस्ती ने अपना सर आड़े में हिलाया। भारी मन से दोनों हाथों में चेहरे को ढाम्पकर सर झुका लिया।

कमल ने खुद-ब-खुद ऐसे हालात क्योंकर पैदा किया है जिन्हों ने उसे कहाँ कैसे भाग जाने किए लिए मजबूर किया है! – यह बात धीरे-धीरे उसकी समझ में आने लगी।

सरे घर चला आया यह चाक्षुश माध्यम, इस तरह बाली उम्र के, अबोध बच्चों को गलत रास्ते में ले जाने में अपना हिस्सा पूरा करता है - अरुंधती की समझ में आया।

अपने चारों ओर आकर्षक आवृत्तों में फँसते जा रहे उन बच्चों का स्मरण हो आता है तो अरुंधती के दु:ख का बाँध टूट जाता है।

# 15

# घूसमघूस

"क्या हुआ टीचर? पूरे स्कूल में हलचल मची हुई है। कोई वैन बड़ी आवाज़ करते हुये स्कूल में आई है" थोड़ी दूर कोने में रहनेवाली पाँचवीं कक्षा से हाथ में किताब पकड़े ही शारदा टीचर बगलवाले क्लाँस रूम में आई जो नई भर्ती हुई है।

बगलवाले क्लाँस रूम में पढ़ा रही अरुंधती हँसकर "बच्चों के कोटे का चावल आया है। आज से चार दिन तक क्लाँसेस ठीक से नहीं चलेंगे" कहा।

शारदा के चेहरे पर नासमझी।

"वही शारदा! स्कूली बच्चों के लिए सरकार द्वारा आबंटित किये जनेवाले कोटे का चावल"।

"सब को देंगे क्या?" शारदा ने आश्चर्य प्रकट किया।

"एससी, एसटी और बीसी बच्चों के लिए ही कहते हैं, लेकिन बाकी जात के बच्चे इन में इक्का-दुक्का ही हैं, वे भी आर्थिक रूप से पिछड़े ही रहते हैं न? सो सब को देते हैं "उसी वक्त उन में शामिल होकर गौरी ने बयान दिया।

इस बीच में आया नोटिस लेकर आई कि सब बच्चे भोजन विराम में घर जाकर बोरा-बस्ता ले आयें या अपनी माँ या बाप से कहें कि वे आकर चावल ले जायें। तब तक घंटी घनघनाई तो सब टीचर स्टाँफ रूम चली गईं।

डीसीएम वैन से दसवीं कक्षा के छात्रों की मदद से स्टाँफ रूम में रखवाये गये चावल के बोरों और उन बोरों से उतने बड़े हाँल जैसे रूम का आधे से ज्यादा छत तक भर जाने को देखकर शारदा भौंचक्का रह गई।

"सरकार द्वारा गरीब स्कूली बच्चों को इतने बड़े पैमाने पर चावल का बांटा जाना वाकई काबिले तारीफ़ है। लेकिन फिर भी यह बात मेरी समझ में नही आती कि ऐसे स्कूलों में ड्राप औट कैसे होते हैं" शारदा ने दिलो जान से तारीफ़ की।

अरुंधती और गौरी दोनों ने अप्रकट मुस्काया।

आधे घंटे बाद स्कूल बिल्डिंग के सामनेवाला पूरा का पूरा अहाता बच्चों के पेरेंट्स से भर गया। आया क्लाँसवार बच्चों और उनके क्लाँस टीचरों को खड़ी करके आई। क्लाँस टीचर हाजिरी पंजी में बच्चों की नामसूची के अनुसार जोर से पढ़ती रहीं तो उनके माँ या बाप उसके लाये बोरे के साथ सामने आकर खड़ा हो रहा है तो आया एक बड़े स्टीलवाले डब्बे से पाँच डब्बे नाप कर उस बोरे में डालती जा रही हैं।

बहाँ स्टाँफ़ रूम में बैठी शारदा झुण्ड़ के झुण्ड़ों में आनेवाले बच्चों को देखकर खीजती हुई "महीनों भर स्कूल से ग़ैर हाजिर होनेवाले बच्चे चावल के वैन का भोम्पू सुनकर सर के बल दौड़े चले आते हैं" कहा।

"इसके बाद उन्हें क्लाँस में आने के लिए आकृष्ट करना हम टीचरों का जिम्मा है" गौरी ने हँसा।

"ठीक है" मुँह मुड़ाया।

यह काण्ड़ शाम के चार बजे तक चलता रहा। बाद में बाकी लोगों को कल आने के लिए कहकर, घंटी बजाकर कक्षाओं में ताला लगाने लगे अटेंडर और आया।

उतने लोगों के लिए चावल का नाप-तोल करने के बाद अभी पचास से ज्यादा बचे बोरों को देखकर शारदा ने "लगता है अब भी बहुत सारे बोरे बचे हुये हैं" कहा।

"अभी बहुत सारे क्लाँसेस भी हैं न " लता ने जताया।

सारे बच्चों के चले जाने के बाद स्टाँफ़ रूम में अपने-अपने बैग समेटनेवाली टीचरों के पास आकर आयम्माँ ने "आप लोगों में से किसी को दोसा वगैरह के लिए चावल चाहे तो नपवाने के लिए कहा है छोटी हेड मिस ने " सूचित किया।

अरुंधती,गौरी और जया हमेशा की ही तरह "हमें नहीं चाहिये। बच्चों का चावल घर ले जाना हमें बिल्कुल अच्छा नहीं लगता " कहती हुई बाहर चली गई।

उनके पीछे ही आ रही शारदा ने "हमें लेने को क्यों कह रही है"? पूछा। हम सरकार को छात्र-छात्राओं की संख्या भेजते हैं तो उसके मुताबिक अंदाज़तन चावल के बोरे भिजवाये जाते हैं। लेकिन इस बीच में ही कुछ पढ़ाई छोड़ देनेवाले, दूसरे स्कूल में चले जानेवाले और नये भर्ती होनेवाले रहते ही रहते हैं। तो अंदाज़ा ठीक नहीं बैठता तो चावल बच जाता है। हम से नपवाने के लिए कहे जाने की वज़ह यह है कि हम टीचरों में से चावल ले जानेवाले ले जाते हैं " अरुंधती ने राई-रत्ती खोली।

"तो फिर यह बात गलत है न?" शारदा सवालिया चिह्न लगाई।

भोली-भाली सी शारदा को देखकर " अब पूछ-माँगकर ले जाना तक तो ठीक है। कल सवेरे हमारे स्कूल आने तक बोरों के बोरे गायब हो जाते हैं देखना " अरुंधती ने कहा।

"पुराने हेड मिसों के जमाने में छात्र वृत्तियाँ आती रहती थीं। कालांतर में कहीं कोई घोटाला हुआ तो सरकार ने छात्र वृत्तियाँ रोक दी। अब कुछ समय से चावल आने लगा। तब सब ठीक-ठाक चलता था। सब बच्चों को चावल सही तरीके से बाँट दिया जाता था। अब सरकारों के बदलते ही स्कूलों में भी कायदे-कानून बदलते जा रहे हैं तो भ्रष्टाचार भी बहरूपिया बनता जा रहा है" अरुंधती ने निर्वेद भाव से कहा।

चलते-चलते अरुंधती और गौरी पिछले दस-पंद्रह सालों के और अब के स्कूली प्रबंधन में अंतर का वर्णन करती जा रही हैं तो शारदा विचार मग्न सोचती रही।

अगले दिन स्कूल आते ही अरुंधती और गौरी ने चावल के बोरों की तरफ नज़र दौडाई तो उन में से दो-चार बोरों के कम होने की बात अपने आप प्रकट हो चुकी।

जैसे अरुंधती किया करती हैं शारदा भी उस दिन से लेकर रोज स्कूल छूटने के बाद कितने बोरे हैं परखकर और अगले दिन आते ही आँखों से ही बोरों की संख्या गिनने लगी।

"लगता है कि स्कूल में चूहे या घूसों की संख्या बढती जा रही है" गौरी के कहने पर शारदा की हँसी अचानक फूट निकली।

वहीं खडी छोटी हेड मिस उन बातों को नज़रंदाज़ कर चावल के बँटवारे का बंदोबस्त करने लगी।

इस के पहले से ही स्कूल से बिल्कुल गैर हाज़िर रहे बच्चे भी लगातार चार दिन तक आते ही रहे। सब बोरों के खाली होकर फिर से क्लॉसेस अमूमन चलने लगे।

"उफ्फ! अब तो पढ़ाई सीते में आई" अरुंधती ने पढ़ाना शुरू किया।

आगले दो-तीन दिन बाद स्टॉफ रूम में गौरी ने "सतीश,वाणी,लक्ष्मी ये सब स्कूल नहीं आ रहे थे। कल के हफ्ते भर के दिन बिना नागा के आये थे" खीजती हुई कहा।

"आयेंगे छोड़ो भी। दुबारा जब चावल वाला वैन आयेगा न तब आयेंगे" जया ने कहा।

"इस तरह एक ही साथ सब चावल तोल देने के बगैर रोज़ाना किलो आधा किलो के पैकेट बनाकर स्कूल छूटते वक्त दें तो रोज आयेंगे शायद "बडे उत्साह से शारदा ने नुस्खा सुझाया।

रोज़ाना हजार लोगों को कौन पैकेट बनायेंगे मेरी माँ ! तब तो पढ़ाना छोड़कर हमें पैकेट बनाते बैठना पडेगा" गौरी ने कहा।

"इस बीच में खत्ती तले घूस चावल घऊघप्प करते रहते हैं तो उधर बच्चों के लिए भी चावल नहीं बचेगा" अरुंधती ने मर्मगर्भ कहा।

"यह बात सही है!" शारदा सोचती सी रह गई।

# 16

# ढाढ़स बँधाना ही कच्चे मन की मरहम है

हाजिरी रजिस्टर खोलकर अरुंधती ने क्लाँस के चारों ओर नज़र दौड़ाई। लगता है कि कई बच्चे गैर हाज़िर हैं। पूरा क्लाँस खली-खाली सा दिख रहा है।

"क्या हुआ, आज इतने लोग गैर हाजिर हो गये?" पेन का कैप खोलते हुये पूछा।

टीचर कब पूछेगी, कब बताकर अपना बोझ हलका करेंगे – सोच रहे हों शायद, तब तक दम साधकर चुप बैठे दो-चार बच्चे एक साथ "सरोज की दीदी चल बसी है टीचर" एक साथ बोल पड़े।

झट से सर उठाकर "अरे! कैसे हुआ?" अरुंधती ने पूछा"

अपने आप को अग लगा लिया था टीचर। कहते थे... कहा जाये या नहीं मीन-मेख कर रहे हैं।

"क्यों? कुछ गड़बड़ है क्या?" उत्सुकता से पूछा।

"नहीं टीचर, कह रहे थे कि उसके पति के घर पर नहीं रहने के दौरान उसके मामा ने कुछ कहा... किया था, तो ..."

"ऐसी बात नहीं है टीचर, उसके मामा ने कुछ किया था। इसीलिए मिट्टी तेल छिड़काकर आग लगा ली थी... "पुरनिया की तरह आँखें मुँड़ाती साभिनय कह रही थी कोई दूसरी लड़की।

"यह क्या? ऐसा क्यों कहा?" कहते हुये दो लड़कियाँ उस लड़की को कुहनियों से कोंचकर अरुंधती की ओर डरते-डरते देखा।

"टीचर! अखबार में भी आया" कहते हुये एक लड़के ने पेपर लाकर दिखाया।

एक दम काठ मार गया हो, अरुंधती दंग रह गई। उस लड़की के कहने का अंदाज़ा एक कारण था तो सरोज की दीदी जिस भयानक रूप से मर गई होगी उसका अंदाज़ा लगाना दूसरा कारण है।

एक-दो मिनिट तक कुछ बोल नहीं पाई...चुप रह गई। थोडी देर बाद धीरे से " सरोज की दीदी हमारे ही स्कूल में पढ़ती थी न" उस का हुलिया याद करने की कोशिश करते हुये पूछा।

अरुंधती ने उन्हें कुछ डाँटा-डपटा नहीं है तो लड़कियाँ जिम्मेदारी निभ गई सी महसूस कर फिर से अपना बयान पेश करने लगीं। "हाँ टीचर गिरिजा ने हमारे ही स्कूल में चार साल पहले दसवीं पढ़ी थी।"

"एक बार आपने 'कन्यका' नाटक खिलवाया था न! उस में गिरिजा दीदी ने ही कन्यका की भूमिका निभाई थी "।

"उसके लिए पुरस्कार भी मिला था" एक के बाद एक चिल्लपों करने लगे।

"हाँ अब याद आया। गुरजाडा अप्पाराव जी का लिखा "कन्यका" को नाट्य रूपक के रूप में नौव्वीं क्लाँस के बच्चों से करवाया था ना" कहते-कहते अरुंधती सोच में पड़ गई।

सब बच्चों ने नाटक में अपनी-अपनी भूमिकायें बढ़िया निभाई।

देश का राजा कन्यका को देखकर सरे बाज़ार में रोकता है तो कन्यका अपमान नहीं सहकर –

"आप देश पर राज करनेवाले राजा हों तो आप की नज़र लगी कुँवारी यह है लो" – कहते-कहते पूरे देश को आग लग जाने का अभिशाप देकर आग के अलाव में कूद जाती है।

रंगमंच के पीछे लाल पारदर्शी कागज़ लगाकर अलाव का प्रभाव काफी अच्छी तरह लाया गया है। यह सब अरुंधती की आँखों के सामने गोल-गोल घूम गया।

"गिरिजा दीदी की दोस्त यह बात आप से बताने आई थीं, लेकिन तब तक आप चली गईं टीचर! दीदी के परिवार के लोग बहुत इंतज़ार कर रहे थे कि आप आकर देखेंगीं" एक लड़की ने कहा।

अरुंधती का मन विकल-बेकल गया। उसी के साथ कोई और तसवीर मन की परतों पर उभर आई तो चक्कर खा गई सी टेबल पर सर टेककर थकी-माँदी सी रह गई।

सभी बच्चे हड़बड़ाकर अरुंधती के पास चले आये। अरुंधती ने थोड़ी देर बाद अपने आप को सम्भालकर आज नहीं पढ़ाती, कल जो पाठ पढ़ाया था उसके सवाल-जवाब लिख लेने के लिए कहा।

अरुंधती की हालत समझकर विद्यार्थियों ने अपनी-अपनी किताबें खोलीं।

अरुंधती के मन में घर कर गई यादों की परतें आहिस्ता-आहिस्ता खुलने लगीं। शबाना का खिलखिलाता चेहरा सामने आया। पढाई के दौरान कॉलेज के वार्षिकोत्सव समारोहों में एक दिन कन्यका नाटक खेला गया। तेलुगु प्राध्यापक की सरफरस्ती में अरुंधती ने नाटक का दिग्दर्शन और गाना आदि किया। नाटक में शबाना ने कन्यका की भूमिका निभाई। कन्यका के रूप में सालंकृत शबाना को देखकर सब आपा भूल गये। उसके सौंदर्य, उसकी वेषभूषा और उसकी अदाकारी पर सब के सब फ़िदा हो गये। उस दिन से लेकर शबाना को कन्यका ही बुलाने लगे। डिग्री पढ़ाई के समाप्त होते ही उसकी शादी का रचाया जाना और शादी के एक साल के अंदर-अंदर उसका अपने आप को आग लगा लेना जैसी घटनायें घट गई। शबाना अरुंधती की काफी अच्छी मित्राणी रही। सो कई दिन तक अरुंधती उसे भुला नहीं सकी। बेचैनी का शिकार बनी रही ।

खयालों में डूबी अरुंधती को पता नहीं चला कि उसकी पीरियडवाली घंटी कब बज गई। उसके बाद क्लाँस लेनेवाली जया टीचर ने आकर "क्या अरुंधती इतनी गहरी सोच में पड़ गई?" पूछा तो अचकचाकर उसकी तरफ़ सूनी आँखों से देखा अरुंधती ने।

सरोज की बडी बहन गिरिजा की बात बताने के साथ-साथ शबाना का भी वाकया सुनाकर कहा कि "अब आगे कभी भी कन्यका नाटक नहीं खिलाऊँगी" कहा। वह दु:ख के मारे गद्गद हो उठी"

'यह क्या बात हुई? आप लोग ऐसी बातों पर विश्वास नहीं करते हैं न, अब ऐसा क्यों बोल रही हो?' आश्चर्य व्यक्त किया गिरिजा ने।

"यहाँ विश्वास या सेंटिमेंट की बात नहीं है गिरिजा! कन्यका नाटक में नाइका अपना अपमान बरदाश्त नहीं कर सकी तो अपने आप को आग लगाकर आत्महत्या कर लेती है। यह बात कौमार आयु पर गहरा प्रभाव डालती है। गुरजाडा अप्पाराव जी ने वह नाटक सौ साल पहले लिखा था। तब महिला परदे के पीछे अपना जीवन यापन करती थी। अब सामाजिक जीवन में काफी बदलाव आया है। उस जमाने में कोई पराया मरद औरत की तरफ बुरी नज़र से देखता हो या अपना बनाना चाहता हो तो वह उसका सामना करने की हिम्मत नहीं रखती थी। अपना जीवन सज-सँवरने की होनहारी नहीं रखती थी, जीवन में कोई संघर्ष आन पड़ा तो डटकर लड़ने की उतनी ताकत नहीं रखती थी। यह इतिहास को दर्पण दिखाता

है। अब यह शबाना नाटक की नाइका की भूमिका में तल्लीन हो जाने की वजह से उसके कच्चे दिल में यह बात घर कर गई कि मौत ही उसके अपमान का अंतिम समाधान है। इसे यथावत प्रदर्शित करने में मेरी भी भूमिका रही है न? आगे या तो नाटक का अंत बदलकर करवाती हूँ या पूरी तरह करवाना ही बंद कर देती हूँ। टीचर होने के नाते अब यह जिम्मेदारी हमारे कंधों पर है कि इन बच्चों में जिंदगी की समस्याओं या कठिनाइयों का सामना करने की हिम्मत आफ़्जाही करें" अरुंधती की आवाज़ में दृढता शाब्दिक हुई।

# 17

# गलती किस की है

"गणतंत्र दिवस के डैंस प्राक्टिस के लिए गये थे टीचर" श्रीनु ने जवाब दिया।

दोपहर के भोजन विरम के बाद दसवीं का क्लाँस लेने गई तो क्लाँस में सब लड़कियों के साथ कुछ लड़के भी गैर-हाज़िर हैं। अरुंधती ने कारण पूछा तो श्रीनु ने जवाब दिया।

सुबह नोटिस भेजा गया था कि गणतंत्र दिवस के उललक्ष्य में आयोजित किये जानेवाले सांस्कृतिक कार्यक्रमों के लिए प्राक्टिस किया जा सकता है और इच्छुक छात्र-छात्रायें शीला और लता टीचरों को अपना नाम दे सकते हैं। इस के पहले यह जिम्मेदारी अरुंधती और गौरी टीचरों के हाथों होती थी।

लगता है पिछले साल अरुंधती के छुट्टी पर रहने के कारण किसी और टीचर को वह जिम्मेदारी सौम्पी गई थी। लेकिन छुट्टी से वापस आने के बाद भी सांस्कृतिक महोत्सवो6 का दायित्व दुबारा उस के हाथ नहीं आया। अरुंधती ने भी यही समझा। क्लाँस में बचे दस विद्यार्थियों को कापियाँ पूरी करने को कहकर अरुंधती क्लाँस रूम के दरवाजे पर आई। तभी बगल में आठवीं कक्षा के क्लाँस रूम से गौरी भी बाहर आई।

"क्या अरुंधती! आपके क्लॉस में भी बच्चे नहीं हैं क्या? लगता है इस हफ्ते में क्लाँसेस नहीं चलेंगे" कहा।

"आपके क्लॉसवाले बच्चों को क्या प्राक्टिस करवा रही हो?" अरुंधती ने पूछा।

"क्या करवा सकती खाक! मेरी सीख इनकी समझ में नहीं आ रही है" गौरी ने कहा।

"इस के पहले आप ही तो सिखा रही थी न अरुंधती ने आश्चर्य से पूछा।

"उस जमाने के एचएम राष्ट्र भक्ति और जनपद गीतों के अलावा किसी अन्य को अनुमत नहीं करती थीं। इस लिए बच्चे मेरे बालानंद गीत, रूपक और नाटक सीखने आते थे। अब तो प्रभा मैडम सिनेमा वाले गानों को भी अनुमत कर दिया " ...

"इस में क्या बड़ी बात है, उन्हीं में से अच्छे गाने चुनकर सिखाया जाये तो चलेगा न..."

बीच में ही टोककर "... बाल दिवस को अंतर्पाठशाला प्रतियोगिता में हमारी लता टीचर के सिखाये डाँस के लिए पुरस्कार मिला था न... हाँ... मैं तो भूल गई थी। तब आप छुट्टी पर थी न" गौरी ने याद किया।

"हाँ। मैं ने सुना। कौन सा डाँस किया था" गौरी ने उत्सुकता से पूछा।

"लता के पड़ोस में मलयाली लड़की को बुलवाकर हाई स्कूल के बच्चों से 'दिल से' सिनेमा के गाने का डाँस सिखलाया था। बच्चों ने भी बढ़िया किया। बस! तब से लेकर सांस्कृतिक विभाग को लता के हाथों सौम्पा गया। बच्चे भी उसी के लट्टू बन गये" गौरी की आवाज भर्रा गई।

पिछले दस-पंद्रह सालों से गौरी सांस्कृतिक कार्यकरम आयोजित करती आ रही थी। अब यकायक बदल गया तो उसे सदमा पहुँचा।

"जाने दो न! समझो कि सरदर्द टल गया" जैसे सांत्वना दे रही हो अरुंधती ने कहा।

अगले दिन सुबह अरुंधती ने बच्चों से पूछा "कौन सा डाँस कर रहे हो तुम लोग?"

सब के चेहरे चमाचम चमक गये तो सारे बच्चे समवेत "चूडियोंवाली छोरी हम भी तो चूडीवाले छोरे हैं न" गाना कर रहे हैं टीचर" चिल्ला उठे।

"छि: उस से अच्छा गाना नहीं मिला था क्या इन लोगों को?" मन में सोचकर वह गाना स्कूल में राष्ट्रीय त्योहारों के संदर्भ में गाने के लिए अच्छा नहीं लगता, कोई दूसरा गाना चुनो" कहा।

जैसे पाल में से हवा निकाल दिया गया हो बच्चों के चेहरे उतर गये " अच्छा लगता है न टीचर? लता टीचर ने भी कहा था कि वह जनपद गीत ही है" कहा।

"ठीकहै! आखिरी पीरियड में आकर देखती हूँ। अच्छा लगा तो ठीक है, नहीं तो कॉंसिल कर देती" अरुंधती ने कहा।

बच्चों के चेहरे रुआँ सा...

जैसे कहा था शाम को अरुंधती रियाज़ देखने गई।

आपकी टीचर आई हैं। एक बार करके दिखाओ" लता टीचर ने दसवीं कक्षा के बच्चों से कहा।

लड़के और लड़कियाँ मिलकर डाँस कर रहे हैं तो लड़के जैसे खुद हीरो बन गये हों फोज़ मारना और लड़कियाँ का अदायें छलकाती हुई उन के साथ उछल-कूद करना देखकर अरुंधती को उबकाई सी हुई।

"लता! इस तरह लड़के और लड़कियों को मिलाकर डाँस करवाने से उस के बुरे अंजाम न हों, कुछ सोचो। कल को उन के माँ-बाप से परेशानी हो सकती है। हो सके तो कोई दूसरा गाना चुनो तो बेहतर होगा" अरुंधती ने कहा। लेकिन लता ने उस की बातों को जद में नहीं लिया। डाँस खत्म होने के पहले ही अरुंधती स्टाँफ रूम चली आई।

"क्या सोच रही हो?" चुप बैठी अरुंधती से गौरी ने पूछा।

"कुछ नहीं। पहले हम राष्ट्रीय त्योहारों के लिए रेडियो में सुने राष्ट्र भक्ति के गानों के लिए ही डाँस प्राक्टिस करवाते थे न"?

"ठीक तो है, लेकिन आज-कल के बच्चे ऐसे गाने पसंद नहीं कर रहे हैं" गौरी ने कहा।

"टीव्ही में भी छोटे बच्चों से बे-मतलब के गानों के लिए डाँस करवा रहे हैं। ऐसी डाँस स्पर्धाओं का प्रभाव बच्चों पर गहरा पड़ता है। ठुमक और जोशीले गानों को ही बच्चे पसंद कर रहे हैं" फिर कहा।

"हो सकता है। गाँव-बस्तियों में रिकार्ड डाँस के नाम से भद्दे नाच गानों को मना करने के लिए गुहार लगा रहे हैं। लेकिन माँ-बाप अपने बच्चों को छोटे-छोटे कपड़े पहनाकर ऐसे गानों के लिए डाँस करवाकर हुलस रहे हैं। सरकार भी उन पर रोक लगाने की हिम्मत नहीं कर पा रही है।

"वह तो ठीक है। आजकल स्कूलों और गणेश पूजा के दिनों में भी ऐसा ही चल रहा है। उबकाई हो रही है।

हफ्ते भर के डाँस रियाजों के साथ वक्त फर्र से उड़ गया।

लता और गौरी प्रोग्राम्म शीट बनाने बैठीं। दसवीं कक्षावाले वही डाँस करने वाले हैं, जानकर "यह क्या लता! गाना नहीं बदला"? कहा।

"नहीं टीचर! बच्चों ने भी उसी गाने के लिए अच्छा प्राक्टीस किया है। मैडम ने भी देखकर तारीफ की" लता की आवाज में उपेक्षा।

अरुंधती ने आगे कुछ नहीं कहा।

गणतंत्र दिवस राष्ट्र भक्ति से ओतप्रोत नहीं होकर डेक रखकर स्कूल के पूरे अहाते को गुन्जायमान करते हुये काफी धूम-धाम से, जोशेगरम के साथ मनाया गया। डिजिटल सौंड के मारे सर फटा जा रहा है तो न जाने कब खत्म हो सोचकर अरुंधती थोड़ी देर वहाँ बैठकर स्टाँफ रूम में चली गई। बाकी बच्चे डाँस करनेवालों को प्रोत्साहित करते हुये तालियाँ बजा रहे थे। वहाँ स्कूली माहौल का नामोनिशान नहीं रहा। तभी वहाँ आई गौरी से अरुंधती ने यही कहा।

कार्यक्रम के अंत में हेडमिस लता की तारीफों के पुल बांध रही थी।

दो-तीन हफ्ते बाद भोजन विराम के बाद सारे टीचर बैठकर गप मारते बैठे रहे। संयोगवश सामनेवाली खिड़िकी में से गौरी ने जो नज़ारा देखा उसे अरुंधती को भी दिखलाया।

सामनेवाले हाईस्कूल क्लाँसेस के बिल्डिंगवाले छत पर दो-चार जोड़े नमूदार हुये तो अरुंधती एक दम खड़ी हो गई। उस के पीछे-पीछे गौरी भी दौड़ पड़ी। ज़ीना चढ़कर छत पर जाने तक सिनेमा स्टिल्स की तरह दो जोड़े दिखाई दिये। टीचरों के आने की आहट के मारे हो, बच्चे फौरन उठकर दूसरी तरफ से तुरत-फुरत नीचे उतर गये।

अरुंधती को जितना गुस्सा आया उस से बढ़कर दु:ख भी हुआ। चढ़ती उम्र में बच्चे शीशे की गुड़िया जैसी होते हैं। उनका मन मोम की तरह। उन पर जो भी असर हुआ उस के मुताबिक घूम जाते। आज उन्हों ने जो देखा, उस के बारे में बच्चों के माँ-बाप को सूचित किया जाये तो सब से पहले वे उनकी पढ़ाई बंद करवा देते। उन अर पड़े मोह मायाजाल के रंगों के प्रभाव को हटाकर, पढ़ाई की ओर उनका ध्यान कैसे आकृष्ट किया जाये? कैसे...कैसे... उन को सही रास्ते में लाना है? अरुंधती वहीं ज़ीने पर धम्म से बैठ गई।

# 18

# हाथों से फिसलता बचपन

परीक्षाओं के समाधान पत्र ठीक करके हाथ की उँगलियों को चटचटाती हुई अरुंधती ने कुर्सी की पीठ से धाँसकर दो मिनिट के लिए आँखें मूँद लीं। थोड़ी देर बाद आँखें खोलकर एक बार पूरे कमरे में अपनी नज़रें दौड़ाई। नम्बरोंवाली पर्चियों में नम्बर दर्ज़ किये जाने हैं। पाँच मिनिट आराम करने के बाद दर्ज़ करती हूँ मानकर आराम करने लगी। लगता है बगल में बैठी जया ने भी अभी-अभी अपना काम पूरा किया है।

"बाथ रूम होकर आयेंगी क्या "? जया ने पूछा।

"चलते हैं" कहकर अरुंधती भी कलम को कैप लगाकर समाधान पत्र समेट कर उठी। दसवीं कक्षा की परीक्षायें सम्पन्न होने के बाद स्पाँट वैल्युएशन का वह पहला दिन है। सो दोनों ढूँढने लगी कि बाथ रूम किस तरफ हैं। शहर में नामी-गिरामी स्कूलों में से वह भी एक है। दसवीं के स्पाँट वैल्युएशन के लिए मुनासिब तीस-चालीस तक कमरें और आवश्यक फर्निचर के साथ लैस है। शहर में ऊँचे वर्ग की संतानें ही नहीं बल्कि उनके बच्चों की भी पढाई एक अच्छे से स्कूल में होने के इच्छुक उच्च मध्यम वर्ग के परिवार भी बहुधा अपने बच्चों को उसी स्कूल में भर्ती कराते आ रहे हैं।

सारे कमरों के भर जाने के नाते कुछ अध्यापक बरामदे में ही बैठकर पैपर ठीक कर रहे हैं। तीर का निशाना दिखाई दिया है तो इन सब को पार करती हुई दोनों मित्राणी उस तरफ निकलीं।

दोनों बाथ रूम के काम से निवृत्त होकर कुछ इस तरह चुपचाप अपनी-अपनी जगह जाकर बैठ गईं कि जैसे दोनों को काठ मार गया हो; दोनों के चेहरे फीके पड़ गये जैसे किसी ने उनका गला घोंट लिया हो।

पसीने से दोनों के चेहेरे चिपके-चिपके हो गये। रूमाल निकालकर चेहरा पोंछकर बोतल में से पानी पिया अरुंधती ने। पर मन को चैन नहीं आया। एनकेनप्रकारेण मन मसोसकर समाधान पत्रों में सर खपाया।

नम्बरोंवाली पर्चियों में नम्बर दर्ज़ करके उन्हें चीफ के हवाले करने तक आधा घंटा और लगा। भोजनोपरांत ही दुबारा पैपर दिये जायेंगे कहा गया है तो सब अपने–अपने बैग लेकर बाहर हुये।

लंच ले रही हैं तो पहले जया ने ही शुरू किया " बाथ रूम की दीवारों के अंदर और बाहर भी क्या-क्या लिखा हुआ है देखा है न"? कहकर ...

"सिर्फ लिखना ही क्या? महिला-पुरुषों के मर्मांगों की तसवीरें बनाकर, दीवार भर में क्या-क्या लिखा है हे राम ! देखते ही पूरा शरीर ठण्डा पड़ गया" उसी वक्त वहाँ आई किसी और स्कूल की टीचर ने कहा।

"यह कन्या पाठशाला है। इस में पंद्रह वर्षों से कम उम्र की लड़कियाँ पढती हैं। नब्बे प्रतिशत से अधिक पढे-लिखे परिवारों की संतानें ही होती हैं। ये भी इस तरह अश्लील-अपशब्दों से दीवारों को खराब कर रही हैं तो सोचने की बात है "अरुंधती ने विचारमग्न कहा।

"जीव शास्त्र में मानव पुनरुत्पत्तिवाले पाठ में सप्ष्टतः बयान किया गया है। इस उम्र के बच्चों की पाठ्य प्रणाली में प्रौढ शिक्षा इस मंशे से शामिल किया गया है कि वे ऐड्स जैसी महामारियों के शिकार न हों। लेकिन, सह-शिक्षा वाली पाठशालाओं में इस विषय को पढाने में काफी दिक्कत हो रही है" कहा किसी जैव शास्त्रीय अध्यापिका ने।

"पढाना तक तो ठीक है, पर प्रैवेट तौर पर इम्तहान देनेवालों के समाधान पत्रों में उन प्रश्नों के जवाबों को पढ भी नहीं पाते, पता है आप को"? किसी और ने जताया।

"इसी मकसद से पाठ्यांश शामिल किये गये हैं कि हाई स्कूल के स्तर पर ही विद्यार्थियों को प्रौढ शिक्षा से परिचित करवाना बेहतर होता है। लेकिन इस वजह से उनके सोच-विचार कौन सा रास्ता पकड़ रहे हैं इस बात पर भी विचार करना चाहिए" अरुंधती ने कहा।

"थियरी पढने-पढाने तक तो ठीक है मैडम पर, यह सब देखते हुये ड़र लगता है कि हालात प्राक्टिकल्स तक निकल न जाये" तीसरी टीचर ने कहा।

"वैसे तो कम से कम ऐसी परिस्थितियों में स्कूल के प्रंसिपल को देखकर उस गंदगी को मिटाने का बंदोबस्त करना चाहिये था न?" । वहीं पर पुरुष अध्यापक भी चल-फिर रहे हैं। उस तरफ जाने में बहुत दिक्कत महसूस हुई" शांति टीचर ने कहा।

"इसके पहले तो सिनेमाओं में कालेजवाली इश्क-मुहब्बतें ही होती थीं। आज-कल हउम्र (ग्यार "ह" से अठार "ह" - टीन एज) प्यार के नाम से दसवीं-बारहवीं कक्षाओं के

बच्चों की प्रेम कहानियों से सिनेमा बनाने लगे। यह हाई स्कूल स्तर के बच्चों को अपने शिकंजे मे फँसा रहा है" अरुंधती ने कहा।

"हमारे स्कूल में भी सातवीं तक मिलजुलकर उठ-बैठते गप्प लड़ानेवाले बच्चे के भी वर्षांत अवकाश व्यतीत कर आठवीं में प्रवेश करने तक उसके व्यवहार में पर्याप्त परिवर्तन दिखाई दे रहा है, यह बात आपके अवलोकन में भी आई होगी?"

"सच तो है! लड़कों और लड़कियों में भी उनकी नज़रों के साथ-साथ उनकी बातों में भी अंतर साफ दिखाई दे रहा है। बड़े हो गये सोचते हैं। रोजाना उन के साथ ज्यादा वक्त बितानेवाले हम ही को उन में आया परिवर्तन साफ-साफ दिखाई दे रहा है" किसी टीचर ने कहा।

"जब तक बच्चे स्कूल में रहते हैं तब तक जहाँ तक हो सके नियंत्रण में ही रखते आ रहे हैं। लेकिन स्कूल के खत्म होने के बाद बाहर वे कुछ भी करें हम क्या कर सकते हैं?" जया ने कहा।

"वैसे तो पुराने जमाने में बच्चों के ग्यारह-पंद्रह बरस के होते ही में उनकी शादियाँ रचा दी जातीं थी। शायद वही ठीक था। इस तरह बुरे रास्ते पर चलते नहीं थे" वहीं बैठकर हमारी बातें सुन रही सीतम्मा टीचर ने कहा जो अनतिकाल में सेवा निवृत्त होने जा रही हैं।

"आप क्या बात कर रही हैं? जुकाम हो रही है तो नाक काटनेवाली बात हुई आपका कहना। इतने दिन समाज की प्रगति और महिला कल्याण के लिए उठाये जा रहे कदमों पर पानी फिर जायेगा। तब इतनी पढाई-लिखाई और वैज्ञानिक प्रगति का क्या होगा"? मुँह बनाकर चिढती सी अरुंधती ने कहा।

सीतम्मा ने चेहरा सिकुडाया।

"सच मानो तो घर में माँ-बाप और बडे-बुजुर्गों को भी अपने बाल-बच्चों पर निगरानी रखनी चाहिये। उनके साथ दोस्ताना बरतते हुये उनके बाकी शौक और उनकी चाल-चलन की भी कभी-कभार परख-जाँच करते रहना चाहिये" शांति ने कहा।

"छोडिये भी! क्या जाँच-परख करते? हम जैसे नौकरशुदा हों तो सवेरे काम पर आकर शाम को घर वापस चले जाते हैं 'सुबह और शाम काम ही काम' होता है" जया ने हताशा सा कहा।

ऑल सैड अण्ड डन घरवाले भी निगरानी रख रहे हैं क्या! जहाँ तक हो काम करते रहते हैं। काम-काज से निपटते ही टीव्ही के सामने बैठकर दिन भर दुनिया भर के सिनेमा

और सीरियल देखते रहते हैं। बच्चों को भी वही आदत पड़ जाती है। मेरे घर में मेरी सासू माँ को देखती हूँ न " शांति चिड़-चिड़ाती बोली।

"यह ही सच है! बेकार के कार्यक्रम, धारावाहिकों में भद्दे नाच-गाने घर-बार के सब लोग मिलकर ही देख रहे हैं। इस बात का दावा करते हुये नाटकों में भी श्रृंगार के दृश्य प्रदर्शित कर रहे हैं कि वास्तविकता प्रतिबिम्बित की जा रही है। समाचार माध्यमों में भी दिखा रहे हैं। इन सब का प्रभाव कच्ची उम्र पर गहरा पड़ता जा रहा है। इसका निराकरण किन्हीं एक या दो से सम्भव नहीं होगा "। सब पर एक प्रकार की हताशा सी छाई हुई है।

"अब चलिए, उधर पेपर दे चुके होंगे। खत्म होने तक देर हो जायेगी" कहते हुये सब लुगाई अपने-अपने कमरों की तरफ निकल चलीं।

कमोबेश रोज लंच के वक्त टीचरों के बीच में इस मसले पर बहस चलती ही रहती थी।

कभी-कभार थोड़े से ही सही दीवारों पर लिक्खों को मिटाने की नाकामयाब कोशिश करके उनका बस नहीं चला तो बात उस स्कूल के प्रिंसिपल की दृष्टि में लाई गई।

आखिरकार, ले-देकर सारी दीवारों को साफ करवाकर पैंट करवाया गया।

लेकिन फिर भी दिल पर जिन नज़ारों का छाप पड़ गया है वह मिटाये नही मिटा।

इस मसले का हल कैसे हो सकता है? अपनी संतानों...विशेषकर हउम्र में प्रविष्ट होनेवाली संतानों पर निगरानी रखते हुये उन में सूझ-बूझ पैदा करके सही मार्ग पर चलने हेतु उन्हें अच्छे साँचे में ढालने का प्रशिक्षण देने के लिए उनके माँ-बाप या बड़े-बुजुर्गों के लिए कार्यशालायें आयोजित करके सचेत करने की आवश्यकता है।

सिनेमाओं में हउम्र की प्यार-मुहब्बतों और भद्दे नाच-गानों के खिलाफ मुहिम चलानी है क्या? घर के बीचों बीच घुस गये जहरीले तहजीब को भगाना है? इस का हल निकालने के लिए एक आंदोलन चलाना है।

स्पॉंट वैल्युयेशन के खत्म हो जाने के बाद भी मन को विकल करने वाले दु:ख ने स्कूल को वापस आ जाने के बाद भी अरुंधती का पीछा नहीं छोड़ा।

# 19
# गरीबी के कगार पर

अर्ध वार्षिक परीक्षाओं में गिनती परीक्षा के उत्तर पत्र विद्यार्थियों को बाँटा है अरुंधती ने। उसके बाद एक-एक करके छात्र-छात्राओं के अपने पास बुलाकर, परीक्षा में उन्हों ने कहाँ-कहाँ गलती की है और किस तरह प्रश्नों का उत्तर प्रस्तुत करें तो अच्छे नम्बर प्राप्त कर सकते हैं, उन्हें अच्छी तरह समझाया। आगे कहा कि वे नम्बर ठीक से जोड़े गये हैं या नहीं जाँच कर लें।

एक दो ने बिट पैपर में अंतर आया है, एक सवाल के नम्बर कम क्यों दिया गया है पूछकर अपनी-अपनी शंकाओं को दूर किया। सब सज-सहेज जाने के बाद शेष विषयों में कौन-कौन कितने नम्बर लाया है पूछकर सुना।

"नौवीं में अच्छे नम्बर लानेवाले विद्यार्थियों को दसवीं में उस से ज्यादा नम्बर प्राप्त होंने चाहिये। क्यों कि अब की बोर्ड एग्जाम होंगे। लेकिन सब के नम्बर कम हो चुके"। पढाई पर लगन क्यों कम कर दिये?" अरुंधती की आवाज़ में थोड़ा सा गुस्सा और उस से ज्यादा दु:ख सुनाई दिया।

बच्चों में से किसी ने आवाज नहीं उठाई।

"अब की बार दसवीं से कौन सब से ज्यादा नम्बर लाना चाहता है?" अरुंधती ने दुबारा सवाल किया।

स्कूल में अरुंधती की ऐसी रिवाज़ है कि वह छठी से लेकर दसवीं तक के क्लाँसों में अव्वल आनेवाले बच्चों को नकद में ईनाम देती रहती है। यह पुरस्कार प्राप्त करने के लिए बच्चे एक-दूसरे से होड़ लगाकर पढ़ते रहते हैं।

तब भी क्लाँस में किसी ने बात नहीं की।

"ठीक है, श्यामला! नौवीं में तुम ही अव्वल आई थी न? अब की बार नम्बर कम कैसे हो गये?" अरुंधती ने बेसब्री से पूछा।

श्यामला उठ खड़ी तो हुई, लेकिन कोई जवाब नहीं दिया।

उसी सवाल को समझा-बुझाने के लिहाज़े में अरुंधती ने दोहराया "अच्छे नम्बर लाओगी तो स्कॉलरषिप के साथ आगे की पढाई जारी कर सकती हो न श्यामला?"

"दसवीं पास करें या न करें आगे की पढ़ाई छुड़ाकर सूपर बाज़ार में काम पर लगा देंगे" कहा था बापू ने "श्यामला ने अपना सर झुका लिया।

अरुंधती थोड़ी देर निरुत्तारा रह गई।

एक दूसरी लड़की भी उठकर "हाँ टीचर! दसवीं के बाद हमारे घर में आगे पढने नहीं देंगे। यहाँ तक पढाने के लिए ही ना-नुकर कर रहे थे" कहा।

इस तरह एक-एक करके सब ने अपनी-अपनी समस्यायें आगे की।

क्या कहें कुछ सूझा नहीं तो अरुंधती ने लड़कों की तरफ अपना रुख किया। उन में से भी एक-दो ही ने पढ़ाई को आगे चालू रखने की बात कही। बाकियों ने "काम में लग जायेंगे" कहा। अब की अरुंधती की समझ में यह बात नहीं आई कि भविष्य का निर्णय हो जाने के बाद पढ़ाई-लिखाई पर बच्चों में श्रद्धा कैसे पनपी जाये।

"तुम लोगों का कहना भी ठीक है। अगर्चे तुम लोग अच्छे नम्बर लाकर पास होंगे तो, घरवाले तुम लोगों को आगे पढ़ने देंगे शायद! इंटर की पढ़ाई पूरी करने बाद कम समय में पूरा कर सकनेवाले कोर्स भी करेंगे तो बेहतर सी नौकरियाँ प्राप्त कर सकते हैं न? तुम लोगों में कई लोगों को पढ़ाई का खर्चा वापस किया जाता भी है। बिना किसी खर्चे के पढ़ सकते हैं। एक बार कोशिश करने में क्या हर्ज़ है ! पहले ही हताश होकर लापरवाही करेंगे तो दस तक की पूरी पढाई पर पानी फिर जायेगा। दसवीं का प्रमाण पत्र पर्याप्त महत्वपूर्ण होता है। जीवन में प्रत्येक आरोहण का वही प्रथम चरण होता है। रेल्वे विभाग की परीक्षायें, पॉलीसेट जैसी काम्पिटेटिव परीक्षाओं में बैठने की कोशिश करो। उनके के लिए अब चार ही महीनों की मुहलत बाकी है। तुम लोग अपने मन को मुस्तैद रक्खो कि दसवीं अच्छे नम्बर से पहलेवाले एटेम्ट में ही पास हो जायें। घरवालों को ये सब बातें समझा-बुझाकर मनाओ"। अरुंधती ने बड़े ही इत्मीनान से जीवन में तरक्की करने के सारे अवसरों के बारे में अच्छी तरह समझाया कि बात बच्चों के दिमाग में बैठ जाये। सब लोगों ने बड़ी श्रद्धा से सुना।

अरुंधती की मार्फत बात सुनकर बाकी टीचर भी क्लॉस में बच्चों के लिए खुले मौकों के बारे में कभी-कभार समझाने लगे।

अध्यापिकाओं के परामर्श किये जाने की बदौलत हो या कि अपने आप श्रद्धालू हो गये हों, सब विद्यार्थी दिल लगाकर पढने लगे।

दसवीं के इम्तहान खत्म होते ही सब बच्चों ने आकर बड़े उत्साह से इत्तिला किया कि पेपर अच्छे दिये हैं।

"टीचर! हम चारों पॉलीटेक्निक एंट्रेंस दे रहे हैं टीचर! गाइड भी मोल लिये। मैथ्स तो दसवीं की ही हैं टीचर" गाइड दिखाते हुये कुमार ने बड़े जोश से कहा।

"बहुत बढिया कुमार! जल्दबाजी नहीं बरतकर, थोड़ी सी मेहनत करके टेस्ट की पूरी तैयारी करो" अरुंधती ने उनका हौसला बढ़ाते हुये कहा।

वर्षांत की परीक्षायें और प्रोग्रेस्स कार्डों का काम खत्म होने के बाद देखते-ही-देखते गर्मियों की छुट्टियाँ भी आन पड़ी। मार्च और अप्रैल महीनों में काम की व्यस्तता के कारण साँस भरने की भी फुरसत नहीं होती। उसके बाद छुट्टियाँ, फिर से स्कूलों के खुलते ही नये एड्मिशन। किताबों का बंटवारा, नये रजिस्टर बनाना वगैरह के साथ साँस फूल जाता है। एक दूसरे के साथ बात करने तक की भी फुरसत नहीं होती। एक दिन काम पूरा होने के बाद सारे टीचर इत्मीनान से स्टाँफ रूम में बैठे हैं तो –

"थोड़े दिन पहले सूपर बाज़ार में रामू दिखाई दिया। उस में वह सैल्स ब्वाय का काम कर रहा है" गौरी ने कहा।

"बचपन में वह अच्छी तरह पढ़ता था। दसवीं पास हुआ क्या" प्राथमिक क्लास की टीचर ने पूछा।

"हाँ! बहुत अच्छी तरह पढ़ता था। अब की बार भी अव्वल दर्ज़े में पास किया। उसने कहा था कि पाँलिटेक्निक परीक्षा में बैठेगा। बैठा कि नहीं पता नहीं चला" अरुंधती ने सोचते हुये कहा।

"आप जितना भी समझाओ, ये लोग ऐसे ही हैं। घरवाले भी इन की पढ़ाई को ज़द में नहीं लेते। इनको पढने की ललक भी नहीं होती" रमा ने लापरवाही से कहा। बोर्ड एग्जाम के दिनों रमा एक महीने पहले से ही छुट्टी लगाकर अपने बच्चों को ट्यूशन पढाने, कोचिंग दिलवाने ले जाती हुई इतनी टेंस रही है कि जैसे उसके खुद के एग्जाम हों।

क्लाँस में जाने के लिए उठती हुई अरुंधती हँसके रह गई। क्लाँस में जाने के बाद भी उसके विचारों का तांता टूटा नहीं। जैसे उसे आगे बढ़ा रहा हो, कुमार आकर क्लाँस के चौखट पर खड़ा।

अरुंधती ने उसे अंदर आने को कहा।

अंदर आते ही उस ने "कल पाँलिटेक्निक का काउंसलिग था टीचर। मैं गया था।

एक दम खिल उठा अरुंधती का चेहरा। "कहाँ मिला सीट"? आतर-कातर पूछा।

"नहीं दिया टीचर, अंदर जाने ही नहीं दिया। सौ रूपये का चालान अदा करके नहीं लाया क्यों कहकर वापस भेज दिया"। उसके चेहरे से मायूसी छलक रही थी।

"अदा क्यों नहीं किया"?

"मुझे पता नहीं था टीचर! मुझे जो कार्ड भेजा गया था वही लेकर गया" कुमार ने कहा।

"तो फिर तुरंत चालान अदा करके ले जाना था, नहीं तो तुम्हें वहीं ठहरकर तुम्हारे लोगों से चालान बंधवाकर ले आने को कहना था न?"

"मेरे पास पैसा नहीं था टीचर। मेरे साथ दूसरा कोई आया भी नहीं। मैं अकेले गया था"

"तो फिर आज जायेंगे क्या? मैं तेरे साथ चलती हूँ " घड़ी देखते हुये अरुंधती ने कहा।

"मेरा कार्ड वहीं दे दिया था टीचर, दुबारा अंदर जाने देंगे क्या?" शंकालू चेहरा बनाया।

हतोस्मि ! बहुत देर हो गई। रिजल्ट कार्ड वापस लिये बिना क्यों आया रे? किंकर्तव्यविमूढ अरुंधती खीज उठी।

माँ-बाप के लिए काले अक्षर भैंस बराबर होना, पढने को इच्छुक इनकी नादानी-ना समझी, सही मार्गदर्शन की अनुपलब्धता इन सब के मिलजुलकर शिक्षा क्षेत्र में वास्तविक रूप से जिन्हें आरक्षण के फल मिलने थे उन्हें नहीं मिलने से आगे पढने के अवसर उन के हाथों से कैसे फिसलते जा रहे हैं – इस बात को लेकर अरुंधती बहुत देर तक दु:खती रही।

आरक्षण के दायरे में नहीं आनेवाले आक्रोश प्रकट करते हैं कि 'इन आरक्षणों के मारे सही प्रतिभा के अभाव में भी कतिपय श्रेणियों के लोग स्कूल-कालेजों में सीटें उड़ा ले जा रहे हैं'। लेकिन सच मानें तो जिन्हें मिलना था उन के लिए भी कभी-कभार अँगूर खट्टे हो रहे हैं।

"बढिया सा मौका खो बैठा रे कुमार! कम से कम मेरिटवाला कार्ड लेकर स्कूल आकर किसी से क्यों नहीं बताया कि फलाँ तारीख को काउंसलिंग है? जानकार टीचर बताते थे न? नहीं तो तेरे साथ कोई आता भी था!" अरुंधती गद्गद हो उठी।

"कोई बात नहीं टीचर! इंटर में जॉइन होऊँगा टीचर बनूँगा टीचर" नीली परछाइयों को झाड़ते हुये उसके चेहरे पर दृढ निश्चय का पसरना देखा अरुंधती ने।

# 20

# राज़ की बात

"वैसे हमारे पड़ोसवालों की लड़की ने बीएससी बीईडी की थी। चंद दिन पहले हमारे स्कूलवालों ने अध्यापकों के लिए भर्ती की इश्तहार निकाली थी न? उस सिलसिले में आज स्कूल आऊँगी बोली। अब तक क्यों नहीं आई पता नहीं", बारम्बार खिड़की में से स्कूल के गेट की तरफ देखती हुई जया ने कहा।

"कंसालिडेटेड तनख्वाह पर काम कर रही दो टीचर पहले से ही हैं न! उन दोनों को उन में भर्ती किये बिना फिर से यह इश्तहार क्यों निकाली"? कुछ सोचती हुई सी कमल ने कहा। अरुंधती और गौरी दोनों में से किसी ने कुछ नहीं कहा। स्कूल में उन दोनों के सीनियर टीचर होने के बावज़ूद भी उनकी बिल्कुल जानकारी के बिना चल रहे इस व्यवहार से उन्हें लागा कि दाल में जरूर कुछ काला है!

इतने में जया जिस लड़की का बाट जोह रही थी वह आती हुई नमूदार हुई। उसे जया हेड मिस के पास खुद ले गई।

थोड़ी देर बाद उस लड़की को भेजकर, जया नौवीं में पढा रही अरुंधती के पास आकर "कह रहे थे कि उम्मीदवारों से प्रावेशिक परीक्षा लेंगे। प्रवेश शुल्क पचास रूपये लेकर आवेदन पत्र भरवाया" सूचित किया।

"अच्छा! ऐसा है क्या " थोड़े से आश्चर्य से कहा अरुंधती ने।

"अरुंधती टीचर! फिलहाल अस्थाई रूप से काम कर रही टीचरों के अलावा और तीन टीचरों को लेंगे या अस्थाई रूप से काम कर रही टीचरों को बर्ख्वास्त कर देंगे" जया ने शंका व्यक्त की।

"पता नहीं जया! हेड मिस, उनकी सहायिका हेड मिस और क्लर्कों को छोड़कर किसी और को इस बात का पता चले बिना सब कुछ छिपा-दुरा रहे हैं। जैसे आप ने कहा

,वास्तव में उन दोनों पदों में उन दोनों अस्थाई सीनियर टीचरों को आराम से लिया जा सकता है। मुझे लगता है कि अब तीसरे पद के लिए ही लेंगे।"

"इतनी सी बात के लिए आवेदन पत्र लेना, प्रविष्टि परीक्षा लेना यह सब दिखावा क्यों" जया ने चिड़ती हुई कहा।

"माल बनाने के लिए चारों की मिली भगत में की जानेवाली करतूत हो शायद "अरुंधती ने मन में ही कहा।

स्कूल में इतने दिन अस्थाई रूप से काम कर रही दोनों टीचरों का स्कूल आना बंद हो गया। यह भी किसी की समझ के दायरे के परे की ही बात रही।

दस-पंद्रह दिन बाद टीचरों को पता चला कि किसी इतवार के दिन प्रवेश परीक्षा आयोजित की गई थी। परीक्षा में कितने लोग बैठे थे? रिक्तियाँ कितनी हैं? किसी भी बात को किसी की जनकारी में लाये बिना ही सब कुछ किया-करा गया। अब तक उस स्कूल में रिक्तियों के लिए साक्षात्कार और डेमोनिस्ट्रेशन लेसन के अलावा कुछ और कभी भी किसी भी हेड मिस के शासनकाल में नहीं हुआ। सब टीचर सुगबुगाकर रह गये।

प्रवेश परीक्षा के होने के दूसरे दिन स्टाँफ रूम में बैठी अरुंधती और गौरी के पास आकर क्लर्क ने "आप दोनों को एंट्रेंस टेस्ट के पैपर ठीक करने हैं। दुपहर के सत्र में क्लाँसेस मत लीजियेगा। आँफिस रूम में बैठकर पैपर ठीक करियेगा" कहा।

"यह बात मेडम की मार्फत इत्तिला की जानी है। नहीं तो वे 'आप दोनों क्लाँसेस लेने क्यों नहीं गई' पूछेंगी तो हम क्या जवाब देंगे"दोनों ने एक ही बार पूछा।

क्लर्क ने दोनों की तरफ आँखें तरेर कर देखा। लगता है उस ने जाकर यह बात हेड मिस के कान भरे हों, दो मिनिट बाद खुद वे ही आकर पैपर ठीक करने की बात सूचित की। दोनों मित्राणियों ने अपने में हँसा।

पैपर ठीक करने बैठी तो पता चला कि गणित के पोस्ट के लिए कोई साठ से ज्यादा और ह्युमानिटीसवाले पद के लिए कोई अस्सी तक के उम्मीदवार परीक्षा में बैठे थे।

"प्रश्नपत्र किसने सेट किया" अरुंधती ने पूछा।

"यह राज़ की बात है, किसी को पता नहीं चलना चाहिये" क्लर्क ने फुसफुसाया।

पैपर ठीक करते हुये अरुंधती अचम्भे में पड़ गई। एक ही उम्मीदवार को पचास नम्बर के अड़तालीस नम्बर मिले। बाकी उम्मीदवारों को पच्चीस से कम ही नम्बर मिले। उसी तरह

गौरी ने जो पैपर ठीक किये उन में दो ही उम्मीदवारों के अच्छे नम्बर निकले। पैपरों को कोड नम्बर दिये जाने की वजह से अच्छे नम्बर कौन लाये पता नहीं लगता।

"यह क्या है सर! सिर्फ तीन उम्मेदवारों के ही अच्छे नम्बर लगे, बाकी लोग उन के आसपास ही नहीं रहे " गौरी ने क्लर्क के सामने आश्चर्य प्रकट किया।

"अच्छे नम्बर लानेवालों को पैपर लीक किया है या उन को अलग बिठाकर लिखवा दिया है"

"इन बातों से आपको क्या लेना-देना? आपका काम पैपर ठीक करना है बस " क्लर्क ने मुख्तसर कहा।

"ये आँफिसवाले क्लर्क कभी भी सीधा जवाब नहीं देते। कुछ भी पूछे घुमाफिराकर बताते हैं" अरुंधती ने स्वगत कहा।

ठीक किये गये पैपर क्लर्क के हवाले करके बैग समेटने तक काफी देर हो गई। तब तक सारे लोग चले गये।

क्लर्क ने अरुंधती और गौरी को जल्दी चले जाने की हड़बड़ी की। "पाँच बजे तक परिणाम घोषित किये जाने हैं, उसके बाद जिन लोगों को चुना गया है उनका साक्षात्कार लेना है। शिक्षा विभाग के अधिकारी, स्कूल की प्रबंधन समिति के सदस्य भी पधारेंगे " कहकर उन दोनों को जैसे भगा दिया है। मैन गेट पर परीक्षा में बैठे उम्मीदवारों का झुण्ड़ लगा हुआ है।

"यह क्या बात हुई अरुंधती टीचर! यह क्लर्क हमें ऐसा क्यों भगा रहा है ! हम भी तो सीनियर टीचर हैं !" गौरी का मुँह सिकुड़ गया।

"जाने दो गौरी! यह सब चिदम्बर रहस्य सा हो रहा है। इतने सारे लोगों को देखती हूँ तो लगता है कुछ-न-कुछ हो-हल्ला जरूर होनेवाला है। इस से हमारा क्या मतलब? अब हमें यहाँ से निकल जाना ही बेहतर है" कहती हुई अरुंधती गैट की तरफ निकली। तो गौरी ने उसका अनुसरण किया। गेट के पास खड़ा दरवान इन दोनों को बाहर जाने देने के बाद फिर से गैट बंद कर दिया।

बाहर आई इन दोनों को घेरकर कुछ महिला उम्मीदवारों ने स्कूल के बारे में पूछताछ की। जो मुँह में आया बताकर दोनों वहाँ से निकल चलीं। पचास रूपयों की हिसाब से इतने सारे लोगों ने शुल्क अदा किया है तो, पैसा जम कर जमा हुआ होगा – दोनों ने आपस में सोचा।

अगले दिन अरुंधती स्कूल जाने की तैयारी कर रही थी तो "अरू! अखबार में आप के स्कूल के बारे में खबर छपी है" कहते हुये अखबार के साथ उसके पति अरुंधती के पास आये। क्या हो सकता है! अरुंधती ने उत्सुकता के साथ समाचार वाचन किया।

"खबर मिली है कि स्कूल में खाली पड़े दो पद भरने के लिए स्कूल की प्रबंधन समिति और शिक्षा विभाग मिलीभगत करके पहले ही चुने जा चुके, उसी स्कूल में पहले से ही अस्थाई रूप से कार्यरत अध्यापकों के रहते उनकी उपेक्षा करके, ढेर सारे बेकार युवा-युवतियों की आशायें बाँधते हुये प्रावेशिक परीक्षा चलाकर पैसा कमाया गया है। बात का पता चला तो उम्मीदवारों ने स्कूल पर हमला किया। वहाँ बड़ा हंगामा हुआ"। फोटो के साथ छपे बड़ा सा रिपोर्ट पढ़कर अरुंधती अवाक रह गई। इतने दिन स्कूल ने उस इलाके में अच्छा नाम कमाया है। आज इस तरह खबरों में आया है। ' यह वाकई नाइंसाफी है। उतने सारे बेकार युवाओं की आशायें क्यों बाँधनी हैं?" अरुंधती ने सोचा।

कुल मिलाकर क्या कैसे किया है? समस्या का हल निकाल ही लिया। लेकिन, लगा कि खून का मज़ा चखनेवाले जानवर की तरह स्कूल की प्रबंधन व्यवस्था को कुछ ही लोगों ने हथिया लिया है।

कई सालों से सेवानिवृत्त होनेवाले टीचरों के एवज़ में नये टीचरों की भर्ती नहीं की जा रही। लेकिन,फिर भी इस स्कूल में समामेलन हो जाने के लिए बाकी स्कूलों के टीचर हर साल अपने पदनाम के साथ लगातार आते ही रहे हैं।

इस के लिए किन-किन विभागों के नाम कितना-कितना खर्चा उठा रहे हैं और यहाँ स्कूल में किन-किन देवी-देवताओं को प्रशाद चढा रहे हैं किसी को पता चलने नहीं देते। लेकिन, एक बार स्कूल की हेड मिस के लिए गोद्रेज का ब्यूरो, रिवाल्विंग कुर्सी, और एक बार स्कूल के लिए माइक सेट, कोई और फर्निचर और... और.. स्कूल के लिए मूलभूत सुविधायें उपलब्ध कराते हुये नये-नये टीचर आते ही रहे।

कुछ भी हो, स्कूल के लिए नई-नई सहूलियतें मिलने के साथ-साथ नये टीचरों की भर्ती होने की बदौलत कार्य भार के कम होने की बात को लेकर खुशियाँ मनानी हैं या विरोधी पक्ष की शक्ति को कम करते हुये सत्ता पक्ष अपनी शक्ति बढ़ा रही है – इस बात को लेकर दु:खी होना है? समझ में नहीं आया; अरसों से उसी स्कूल में कार्यरत अध्यापक-अध्यापिकाओं को।

# 21
# सत्ता का पलटा तख्ता

"वक्त पर स्कूल आ रहे हैं, घंटी बजते ही क्लाँस में जा रहे हैं और फिर से घंटी बजते ही बाहर निकल आ रहे हैं, यह कोई बड़ी बात नहीं है। बच्चों को कहाँ तक पढा-सिखा रहे हैं, कितने बच्चे उन विषयों में उत्तीर्ण हो रहे हैं – यह बात सीना तानकर कहनी है"

दसवीं कक्षा के परिणाम निकलने के सिलसिले में हेड मिस अपना भाषण बघारने लगी।

यह फबती परोक्ष रूप से अरुंधती की ओर जाने की बात सिर्फ अरुंधती को ही नहीं, बल्कि प्रत्येक अंश में अनुशासन का अक्षरश: पालन करनेवाली अरुंधती के बारे में जानकार वहाँ के सब टीचरों की समझ में भी आई। हेड मिस ने हिदायत दी कि हर एक टीचर उनके द्वारा पढ़ाये जा रहे विषयों में कितने विद्यार्थियों ने उत्तीर्णता हासिल की और उसकी प्रतिशतता क्या है – बतायें ...

अरुंधती उठ खड़ी हुई "मैं गणित और भौतिक शास्त्र दो कठिन विषय पढ़ा रही हूँ जिस बात से सब वाकिफ़कार हैं। ये ऐसे विषय हैं जिन में क्लाँसेस बंक करने, बिना पढ़ाये ही गाइड में से नोट्स लेने, कंठस्त कर लेने को कहने का हरगिज़ मौका नहीं मिलता। इस लिए बाकी विषयों से इनकी बराबरी बिठाई नहीं जा सकती। साइंस में उत्तीर्णता की जिम्मेदारी मुझ अकेली पर ठहराई नहीं जा सकती। जीव शास्त्र से मिली रहती है। गणित में उत्तीर्णता की प्रतिशतता अन्य विषयों की तुलना में कम हो सकती है। लेकिन उस में नब्बी प्रतिशतता हासिल करनेवाले विद्यार्थी भी हैं। सरकारी स्कूलों में टीचर की पढाई-लिखाई का अनुसरण करके ज्यादा नम्बर लाने वाले छात्र-छात्राओं की संख्या के कम होने पर भी मैं समझती हूँ कि उसको खास तौर पर ज़द में लेने की जरूरत होती है" अरुंधती ने रेशमी रूमाल में जूता लपेटा।

सामाजिक शास्त्र पढ़ानेवाली जया टीचर के पदोन्नति प्राप्त कर हेड मिस बनते ही वही सुप्रीम सा व्यवहार करने के साथ-साथ उसकी यह आदत सी हो गई है कि वह अरुंधती को अपनी प्रतिद्वंदी मानकर मौका मिलते ही बात-बात पर उसे परेशान करने लगी। अरुंधती के साथ उस के पेश आने को देखकर सारे टीचर ऐसा महसूस करने लगे हैं कि जया टीचर अरुंधती के प्रति प्रतिकार की भावना अरसों से अपने अंदर पनपती आ रही है।

"एक और बात! इस साल से मैं सिर्फ गणित ही पढाती हूँ। भौतिकी किसी और टीचर को अलाँट कीजियेगा। उम्र के कारण मैं भी तनाव महसूस करने लगी। मुझे भी थोड़ी सी सुविधा-सहूलियत की जरूरत है। यह बात प्रबंधन समिती की दृष्टि में भी ले जाना चाहती हूँ" अरुंधती ने स्पष्ट शब्दों में व्यक्त किया। उसके इस प्रकार कहने का एक कारण भी है। स्कूल असिस्टेंट पद खाली पड़ा है। लेकिन उस में जीव शास्त्र पढ़ानेवाली टीचर को लगाया गया है। आधा हिस्सा साइंस पढ़ानेवाली टीचर को उस पद में नियुक्त किये जाने पर अरुंधती को अच्छा तो जरूर नहीं लगा पर उस टीचर के उस से वरिष्ठ होने के नाते अरुंधती चुप रह गई। अब की बार खाली पड़े दूसरे असिस्टेंट पद में अरुंधती को नियुक्त करना था, लेकिन जान-बूझकर उसे रोककर उस पद को जूनियर टीचर से भरने के लिए हेड मिस ने छल-कपट करते हुये अरुंधती से स्पर्धा करने हेतु उस से जूनियर गौरी को भड़काया।

कमोबेश बीस साल से ज्यादा हाई स्कूल की कक्षाओं को पढ़ाती हुई एसजीबीटी पद में ही कार्यरत अरुंधती को इतने साल, इसके पहले की हेड मिस उसे हाई स्कूल टीचर ही मानती थी। तभी से यह बात प्रभा के कलेजे में कांटे की तरह साल रही थी। अब जब से हेड मिस बनी है, मौका मिलते ही अरुंधती पर जहर उगलने लगी।

हालात ने कुछ इस तरह करवट बदली कि अब स्कूल जाने के नाम से ही अरुंधती में चिड़चिड़ापन पैदा होने लगा। लेकिन फिर भी जहाँ तक हो सके हेड मिस की कन्नी काटती हुई अपना काम निपटा लेती आ रही है।

एक दिन अरुंधती समाचार पत्र पलट रही थी तो एक ऐसी खबर ने उसका ध्यान आकृष्ट किया जिस में बयान किया गया है कि आंध्र प्रदेश राज्य में किसी प्रवासी आंध्र की पारिवारिक स्थिर सम्पत्तियाँ कब्जा कर दी गई हैं। उस ने यह बात ई-मैल से राज्य के मुख्य मंत्री महोदय के ध्यान में ले गया। तत्काल मुख्य मंत्री ने सम्बंधित विभाग के अफसरान की मार्फत मामले में दखल देकर समस्या का हल निकलवाया । इस सिलसिले में उस प्रवासी ने सीएम को शुक्रिया अदा करते हुये उनकी पेशी को ई-मैल भी अग्रेषित किया।

अब अरुंधती को लगा कि वह भी एक बार कोशिश करके क्यों न देखें। कतिपय विशेष परिस्थितियों में नई पाठ्य प्रणाली के परिवर्तित होने के संदर्भ में स्कूल में नियुक्त किये जाने,बीस साल से स्कूल में एसजीबीटी पद में कार्यरत होते हुये भी हाई स्कूल की कक्षाओं को गणित, भौतिकी पढ़ाना और दसवीं परीक्षाओं के समाधान पत्र ठीक करने स्पाँट वैल्युएशन जैसे स्कूल असिस्टेंटवाले दाइत्व निभाते आना आदि के बारे में भी सूचित करते हुये यह भी बताया कि अब पद के खाली पड़ने पर भी उस पद में उसे पदोन्नत नहीं किया जा रहा है -आदि का प्रसंग लाते हुये सीएम की पेशी और मुख्य मंत्री महोदय की व्यक्तिगत आईडी को भी ई-मेल प्रेषित किया।

दूसरे ही दिन जवाब मिला कि अरुंधती के पत्र की प्रति सम्बंधित समस्त विभागों को अग्रेषित की गई है।

इतनी त्वरित गति से प्रतिस्पंदित होने से अरुंधती आश्चर्यचकित रह गई। इस के पहले दो-तीन बार इसी बात को पंजी.डाक से सम्बंधित विभागों के ध्यान में ले जाने पर भी उसका कोई अंज़ाम नहीं निकला।

जो भी हो, एक महीने के अंदर ही अरुंधती को स्कूल असिस्टेंट का पदोन्नति पत्र प्राप्त हुआ। कार्यालय के क्लर्क और बाकी टीचरों ने "आप को बहुत जल्द अनुमोदन प्राप्त हुआ है अरुंधती टीचर!" कहकर अभिनंदन किया। ले-देकर अरुंधती बेहद खुश हुई कि अंततोगत्वा उस की मेहनत रंग लाई है।

एक हफ्ते भर के दिन बीत गये। एक दिन अरुंधती के स्कूल पहुँचने तक एचएम के रूम में क्लर्क और किसी टीचर के बीच में किसी बात पर गम्भीर चर्चा चल रही है। इस बात का नज़रंदाज़ करके वह अपनी हाज़िरी लगाकर प्रेयर में जाकर खड़ी हो ग़ई।

इतने में एचएम उसके पास आकर "सीएम की पेशी से हमारे स्कूल के नाम कोई पत्र आया था। शायद वह पत्र खाली पड़े पद तुम्हें नहीं देकर गौरी या राजू को देने के बारे में हो सकता है। आज सवेरे ही मेरे लिए डीईओ से फोन आया है। इसी लिए आज मैं जल्दी आई। अब तक डीईओ से अटेंडर आया क्यों नहीं?" कहा।

अरुंधती ने तो कुछ नहीं कहा। किस आधार पर और किस कारण से वह पद मुझे छोड़कर उन्हें देंगे – मन में सोचा।

प्रेयर खत्म होने के बाद सब अपने-अपने क्लाँसेस जा रहे हैं। इतने में सीएम की पेशी के पत्र के साथ डीईओ आँफिस से अटेंडर आया।

अरुंधती रोजाने की तरह अपने क्लाँस में चली गई। क्लाँस के आधे में रहने के दौरान आया आकर " आपको बडी मैडम बुला रही हैं " कहा।

"लेसन के बीच में हूँ। उन से कहना कि पूरा करके आती हूँ" पढ़ाती हुई बोली।

लेसन पूरा करके एक-दो माँडल गणित देकर पूरा करने के लिए कहकर एचएम के कमरे में गई।

एचएम का चेहरा तमतमा रहा। अरुंधती के वहाँ जाते ही वहाँ बैठी कोई और टेचर बोलने लगी तो अटेंडर उसे रोककर अरुंधती से बैठने को कहा।

"आपको एसए की पदोन्नति प्राप्त हुई है न? सीएम की पेशी के नाम पत्र क्योंभेजा" ? सीधा सवाल किया क्लर्क ने।

"प्रमोशन प्राप्त होने के पहले लिखा था। स्कूल में मेरे खिलाफ राजनीति की जा रही है तो मैं ने अपने हक की खातिर लिखा था वह पत्र" अरुंधती ने कहा।

"तो फिर इतने दिन बाद पत्र अब क्यों आया? आप को इस के अलावा कुछ और भी शिकायत है क्या"? तहकीकात शुरू की।

"दुबारा क्यों कर लिखती? दो महीने पहले मैल लिखा था। उस के प्राप्त होने के बारे में यह सूचित करते हुये मुझे जवाब भी मिला था कि पत्र की प्रतियाँ सम्बंधित समस्त विभागों को अग्रेषित की गई हैं।

क्लर्क अचम्भित रह गया।

"तो फिर आपने दुबारा यह पत्र क्यों भेजा?" पूछा। मेरे प्रमोशन पत्र के प्राप्त होने के बाद आपने उसका अनुवर्ती कार्य किया नहीं होगा शायद! स्पष्टीकरण की तलब करते हुये आया हो " अरुंधती ने संदिग्ध कहा।

"ठीक है। अब आपको इस के जवाब में पत्र लिखकर देना होगा कि आप को एसए की पदोन्नति प्राप्त हुई है" क्लर्क ने कहा।

"इस में क्या बड़ी बात है? मैं ने अपना दुखड़ा सुनाया था। जो भी हो, त्वरित गति से कार्य सम्पन्न होकर एक हफ्ते के पहले ही मेरा प्रमोशन पत्र प्राप्त हुआ था न " अरुंधती ने कहा।

"ठीक है। यही सूचित करते हुये पत्र लिखियेगा" क्लर्क ने कहा।

उसके पदोन्नति आदेश पत्र प्राप्त होने के बारे में सूचित करते हुये अरुंधती ने उसके दरख्वास्त को ज़द में लेकर तुरंत प्रतिस्पंदित होने के लिए धन्यवाद आपित करते हुये पत्र लिखकर दिया।

जब तक यह काण्ड होता रहा एचएम तमतमाता चेहरा लेकर ऐसे देख रही थी कि अरुंधती पर आग उगल लें। वह बहुत ऊँचाई पर है और उसके सत्ते का तख्ता पलट रहा है - इस बात को लेकर अचकचा रही एचएम को लापरवाही नज़रों से देखती हुई अरुंधती वहाँ से लम्बे कदम बढ़ाती हुई अधूरा पाठ पूरा करने अपने क्लास में चली गई।

# 22

# स्वामी कार्य स्वकार्य !?

"अरुंधती! कल स्ट्रीट चिल्ड्रन फाउंडेशन वाले ट्रैस्टार होटेल में सेमिनार आयोजित करनेवाले हैं। उन के लड़के-लड़कियाँ भी हमारे स्कूल में पढ़ रहे हैं न? सो दो अध्यापकों को प्रतिनियुक्तकरने के लिए कहा गया है। आप और गौरी जाइयेगा। बढ़िया सा स्टार होटेल का खाना " प्रभा मेडम की आवाज में फबती का पुट सुनाई दिया!

हाज़िरी पंज़ी में दस्तखत कर रही अरुंधती और गौरी हेड मिस की तरफ पैनी दृष्टि बरपाई।

"किसी और को भेजना था न मेडम?" गौरी की आवाज़ में तीव्रता शाब्दिक हुई।

"आप दोनों सीनियर टीचर हैं न? यूनिसेफ से भी डेलिगेट आ रहे हैं। उन से चर्चा करनी हो या वे स्कूल के बारे में कुछ पूछेंगे तो समाधान करने में आप ही समर्थ होंगी " शायद उन्हों ने महसूस किया होगा कि उनका इस तरह बात करना उन दोनों को अच्छा नहीं लगा हो तो थोड़ी सी नर्मी से पेश आई।

आगे कुछ कहे बिना दोनों अपने-अपने क्लाँसेस की तरफ निकल गई।

"जैसे खाने को लाले पड़ गये हों कैसी बात करती है?" दोनों ने आपस में कहा।

"जब से एचएम की पदोन्नति मिली है तब से इस को सम्भाले नहीं सम्भल पा रहे हैं" गौरी ने कहा।

उसके प्रमोशन होने से नहीं बल्कि मेरे प्रमोट होने से मुझे किस तरह उकसा-भड़काया जाये मौके की ताक में बैठी रहती है" अरुंधती के होंठों पर हँसी फूट निकली।

दूसरे दिन किंग कोठीवाले बस स्टाँप पर मिलकर दोनों मित्राणी ताज ट्रैस्टार के लिए आँटो में बैठी।

लगता है कि सेमिनार स्ट्रीट चिल्ड्रन फाँवुंडेशन वालों के अलावा शहर में अनाथों और भुखमरों के कल्याण के लिए काम करनेवाली कतिपय संस्थाओं के साथ संयुक्त रूप से आयोजित किया जा रहा है। मंच पर ही नहीं बल्कि हाँल भर की दीवारों पर अपने-अपने क्रियाकलापों का बयान करने वाली तस्वीरें,चार्ट और बैनर लगे हुये हैं।

कतिपय संस्थाओं के अध्यक्ष, सचिव,संयोजक आदि उन के द्वारा किय गये, किये जा रहे कार्यक्रमों के बारे में फर्राटे की अंग्रेजी में भाषण दे रहे हैं। बीच-बीच में पवर प्वाइंट प्रस्तुतीकरणों और वीडियो प्रदर्शिनियों के द्वारा भी बयान किया जा रहा है। कुछ और व्यक्ति इनके क्रियाकलापों की तारीफों के पुल बाँध रहे हैं।

बीच में जलपान के विराम और भोजन विरामों के साथ सेमिनार बड़ी धूम-धाम से चल रहा है।

थोड़े से पीछे की तरफ बैठी अरुंधती और गौरी को इस सब व्यवहार से चिड़चिड़ापन होने लगा।

“ये सब इतनी तकलीफ़ उठाकर रेल्वे स्टेशनों, बसअड्डों, चौराहों पर आवारागर्दी करनेवाले बच्चों को शरण दे रहे हैं तो अब भी इतने सारे आवारा बच्चे क्यों कर रहने लगे “? गौरी ने कहा। होटेल के रास्ते में चौराहों पर सिग्नल के पास आटो के रुकने पर मक्खियों की तरह भिनभिनानेवाले बच्चों की तस्वीरें आँखों के सामने घूम गई।

एक बार किसी सिग्नल में आटो रुकी तो भीख माँगते हुये उनके पैर पकड़नेवाले बच्चे का खवा पकड़कर “तुम लोग पढ़ना चाहोगे तो हाँस्टल में ज्वाइन कराती हूँ चलो मेरे साथ “ अरुंधती ने कहा तो वह बलात उसका हाथ छुडाकर वहाँ से चम्पत हो गया। अरुंधती ने इस वाकये को याद किया।

“यहाँ सेमिनार में उपस्थित कुछ सेवा संस्थाओं का अस्तित्व महज़ कागज पर ही रहता है। इन के लिए काम से दाम का मतलब ज्यादा रहता है। अपने कागज़ी क्रियाकलापों की तस्वीरें निकलवाकर पेपर कतरनों के साथ यूनिसेफ़ वालों को प्रस्तुत-अग्रेषित करके निधियाँ प्राप्त करवा लेते हैं। वास्तव में नि:स्वार्थ भावना के साथ सेवायें उपलब्ध करानेवाली संस्थायें कितनी होंगीं” दोनों कुछ देर ऊहापोह में पड़ी रहीं।

इस फ़ाउंडेशन वालों के पहली बार स्कूल आने के सिलसिले में आयोजित सभा की याद आई दोनों को।

स्कूल के छात्र-छात्राओं,उनके माँ-बाप-अभिभावक, सब अध्यापक-अध्यापिकाओं को एकत्रित करके उन्हों ने अपनी संस्था द्वारा स्कूल के लिए आयोजित किये जानेवाले

कल्याण कार्यक्रमों का रंगा-रंग तरीके से बयान किया कि आवारा बच्चों को उन की ही संस्था में कोचिंग-प्रशिक्षित करके उनकी प्रतिभा और उनकी उम्र के अनुसार योग्य कक्षाओं में दाखिला दिलाते हैं। स्कूल में दाखिला लेनेवाले बच्चे अपने आय प्रमाण पत्र प्रस्तुत करते हैं तो उन का शुल्क भरने का भी वादा किया है। इस से संतृप्त होकर सब लोग बेहद खुश हुये।

उस फ़ाउंडेशन की तरफ़ से अपने स्कूल के लिए आबंटित संयोजिका उठकर बात करने लगी -

"हम से उपलब्ध कराई जानेवाली सुविधाओं के अलावा माँ-बाप और टीचरों को भी अपना हाथ बाँटना है" । इस के लिए सब ने अपनी हामी भरी।

'ओह्हो! बहुत बढिया ! लगता है अब हमारे स्कूल का काया पलट होनेवाला है' सब टीचरों ने खुशी जाहिर की।

संयोजिका फिर से शुरू हुई "रोज़ाना कुछ पैरेंट आकर जहाँ तक अपना बस चले मदद करें"

"क्या करना होगा मैडम?" किसी पैरेंट ने तैश में आकर पूछा।

"दुपहर को छोटे बच्चों के खाना खाने के बाद उनका मुँह हाथ धोना है , नाई हों तो स्कूली बच्चों के बाल मुफ्त में काटने हैं, यूनिफ़ॉम फ़ट जाता है तो दर्ज़ी उन्हें सियें, बढ़ईगीर हो तो स्कूल की मेज़-कुर्सी की मरम्मत करे– ऐसी सेवायें करने के लिए आगे आना है। इतना ही नहीं, रोज़ाना खाना बनाते वक्त थोड़ा सा चावल अलग निकालकर स्कूल में गरीब बच्चों को खिलाना है..." इस तरह कहती जा रही थी संयोजिका महाशया।

"...इसी तरह टीचरों को चाहिये कि वे भी नकद रूप में थोडी सी मदद करें ..."

तब तक बड़े उत्साह से उसका भाषण सुनने में शरीक बच्चों के माँ-बाप "दिन भर कमर तोड़ काम करने से ही घर-गृहस्थी चल पाती है, उसे छोड़कर स्कूल आकर मुफ्त में बेगारी करने को क्या कहती है ये मेम" सा चेहरा बनाया।

उनका चेहरा देखते ही अरुंधती आदि को बात समझ में आ गई। 'सब काम ये गरीब-गुरबे ही करें तो ढेरों निधियाँ, माहवार तनख्वाह लेनेवाले ये कार्यकर्ता क्या करते होंगे बेचारे? आज़माइशी करेंगे शायद" सोचा।

अब की एक-एक करके टीचर बोलने लगे।

"पहले से ही कुछ टीचर गरीब बच्चों के परीक्षा शुल्क, स्कूली शुल्क भर ही रहे हैं" जया ने कहा।

"दिहाड़ी से काम चलानेवाले लोग अपनी रोजी-रोटी छोड़कर इस तरह स्कूल आकर क्या कर पायेंगे? राशन मिलने से ही रोटी तोड़ पाते हैं। इन से राशन बचाकर बाँटने के लिए कैसे कह सकते हैं? बहस करने पर उतर आये।

इस से संयोजिका को ही नहीं बल्कि प्रभा मेडम को भी गुस्सा चढ़ आया तो दोनों उठकर वहाँ से तुरत-फ़ुरत बाहर चली गई।

इस के बाद किसी और दिन स्टाँफ़ मीटिंग के दौरान उस संयोजिका ने "पहले जैसा न होकर अब की बार विद्यार्थियों की हालत में काफ़ी इज़ाफ़ा लायेंगे " कहकर शुरू करने लगी।

इस से टीचरों के जले पर नमक छिड़क गया। सभी सीनियर टीचरों ने इस के पहले उसी स्कूल में पढ़ाई पूरी करके तरक्की करनेवाले बच्चों की फेहरिश्त आगे करने लगे।

"दस साल पहले स्कूल के गोल-गिर्द सरकारी मकान रहा करते थे। उन सब बच्चों ने इसी स्कूल में अपनी पढाई-लिखाई पूरी की। स्कूल में पंद्रह सौ से ज्यादा बच्चों की चहल-पहल रहा करती थी। हमारे स्कूल के छात्र-छात्राओं में डाक्टर,इंजनीयर,कवी-कलाकार और प्राध्यापक भी रहे। उनके साथ-साथ आगे पढने की हैसियत नहीं रखनेवाले छोटे-छोटे नौकरशुदा लोग भी हैं। सरकारी मकानों को तोड़ देने से स्कूल के आजू-बाजू के परिसर झाड़-झंकाड़ों से बीहड बन गये। अब की इस स्कूल में आसपास की बस्तियों के बच्चे ही पढ रहे हैं। बस्तीवालों में अच्छी तरह पढे-लिक्खे , नौकरशुदा लोग भी हैं। आगे की भर्तियों के ना होने से अध्यापकों की संख्या कमतर होती जा रही है। स्कूल के आसपास सुरक्षा के न होने से विद्यार्थियों की संख्या भी कम होती जा रही है। इलाके में इस स्कूल का काफ़ी अच्छा नाम है" कहकर एक के बाद एक कहता जा रहा है तो संयोजिका आगे कुछ नहीं बोल पाई।

"यह क्या है मेडम आपके टीचर बात-बात पर रोड़े अटकाते रहते हैं?" संयोजिका ने प्रभा मेडम से कहा तो प्रभा मेडम ने " ये ऐसे ही हैं। इसी तरह टीका-टिप्पणी करते रहते हैं " कहती हुई कल तक उन में से एक रहकर हाल ही में एचएम बनी प्रभा उसे अपने कमरे में ले गई।

***

तालियों की गड़ॅगड़ाहट सुनाई दी तो तब तक सोच-विचारों में डुबकियाँ लगा रही अरुंधती और गौरी अचकचाकर वहाँ से बाहर चली आई।

मंच पर किसने क्या कहा हम ने सुना ही नहीं – दोनों ने स्वगत कहा।

फ़ौण्डेशनवालों का काम बहुत बढिया है कहकर यूनिसेफ के प्रतिनिधि ने उस के अध्यक्ष की भूरि-भूरि प्रशंसा करके यूनिसेफ की तरफ़ से उनकी संस्था के लिए निधियाँ मंजूर करवायेंगे " उनके बगल में बैठी महिला ने कह सुनाया।

"चलो अच्छा हुआ। इनका पैसा वसूल हो गया" गौरी ने बुदबुदाया तो अरुंधती एकदम हँस पड़ी। दोनों को कथित संस्था द्वारा की गई कही जानेवाली प्रगति रत्ती भर भी दिखाई नहीं देनेवाला उनका स्कूल याद आया। स्कूल की स्थिति जैसी की तैसी बनी रही। ज्यादा से ज्यादा स्कूल के एचएम को कुछ फ़ायदा हुआ हो – अरुंधती ने सविचार स्वगत कहा।

# 23
# भोक्ता

"यह क्या है टीचर? आया लक्ष्मम्मा कोई किताब दिखाकर पैसे के लिए पूछ रही है?" बगलवाले क्लाँस में से सुमा दौड़ती हुई अरुंधती के पास आई।

"लक्ष्मम्मा! सुमा टीचर नई आई हैं न? इस के बारे में वे नहीं जानतीं । पुराने टीचरों से ही पूछो" अरुंधती ने समझाया। लक्ष्मम्मा कुछ इस तरह वहीं खड़ी रही कि उसे कुछ और कहना है।

"क्या बात है लक्ष्मम्मा तुम्हें कुछ कहना है क्या ?" अरुंधती ने पूछा।

"कुछ नहीं टीचर! जब से आपने टीचर्स फण्ड वाली जिम्मेदारी रागम्मा टीचर को सौम्पा है तब से लेकर जब भी लोन के लिए पूछूँ पैसा नहीं है कहती आ रही हैं। हम जैसे गरीब-गुरबों की मदद की जानी है न मेडम ? हम भी टीचरों की ही तरह ब्याज भर रहे हैं न? फिर वे बात का बतंगड़ क्यों बनाती हैं? लक्ष्मम्मा ने शिकायत की। उसकी आवाज़ में थोड़ा सा दु:ख और थोड़ा सा गुस्सा मिले हुये हैं।

"तुम इसके पहले लिया लोन भर दी" किताब में से नज़रें हटाती हुई अरुंधती ने पूछा।

"कब का पूरा भर दिया मेडम । जब आप यह काम देख रही थी तब का लिया हुआ लोन था। माहवार ब्याज के साथ पूरा लोन चुका दिया। पुराना लोन चुकता हो जाने से ही फिर से पूछा। देने का नाम भी नहीं ले रही है रागम्मा टीचर "।

"मैं रागम्मा से पूछती हूँ तू जा"

"रागम्मा टीचर से मत बोलियेगा कि मैं ने आप से शिकायत की थी" थोड़ी सी सहमी हुई लक्ष्मम्मा ने गिड़गिड़ाया।

अरुंधती ने उसे समझाकर भेज दिया।

यह सब सुनती रही सुमा को बात समझ में नहीं आई। सवालिया चिह्न लगाई अपने चेहरे पर। इतने में घंटी बज गई तो अरुंधती अपना बेग लैकर स्टाँफ़ रूम की तरफ निकल गई। सुमा और बगलवाले क्लाँस रूम में तब तक पढ़ा रही गौरी भी उसके साथ हो लिये।

स्टाँफ रूम में चाय पान के दौरान सुमा ने फिर से पूछा।

"यह कभी पच्चीस साल पहले सभी अध्यापकों द्वारा मिलकर लिया गया निर्णय था। उस ज़माने में जब तक सरकार ग्राँट का पैसा स्कूल के खाते में जमा नहीं करती तब तक टीचरों को तनख्वाह नहीं मिलती थी। इस लिए सारे टीचरों ने मिलकर वेतन मिलते ही थोड़ा सा पैसा जमा करके एक निधि गठित की। इतना ही नहीं घर में बनाई गई खारा-मिठाई राष्ट्रीय तीज-त्योहारों के दौरान स्कूल में बेचकर उस से मिलनेवाला पैसा भी उसी निधि में जमा करते आ रहे हैं। इस निधि के लिए एक टीचर कार्यभारी के रूप में रहता है तो और दो टीचर उन ज्का हाथ बँटा ते हैं। तनख्वाह नहीं मिलनेवाले महीने में, बच्चों का फीस आदि भरने के लिए किसी टीचर को जरूरत पड़ जाती हो, शादी-ब्याह रचाने में, किसी नितांत आवश्यकता पूरी करने के लिए जरूरतमंदों को उस निधि में से ऋण के रूप में एक पेर्सेंट ब्याज लेते हुये, माहवार किस्त जमा करवाने की व्यवस्था बनाई है" चाय की चुस्की लेने अरुंधती थोड़ी देर रुकी।

"बेहद जरूरतें पूरी करने के लिए इसका बंदोबस्त काफी बढिया है टीचर" सुमा ने तारीफ़ की। वह आगे भी कुछ बोलने जा रही थी तो जया ने उसे टोका।

"कहाँ मेरी माँ! आपके कार्यभारी रहने के दिनों सब की जरूरतें पूरी होती थीं। रागम्मा टीचर के आने के बाद किसी को नहीं मिल रहा है। जब भी पूछो पैसा खत्म हो गये हैं बोलती रहती है। निधी में रकम बढी है और कर्ज़ लेनेवाले कम भी हो गये हैं। उनकी दोस्तों को ही दिया करती है" जया ने गुस्से से कहा।

"बड़ी रकम होनी चाहिये। मैं ने जब उसे अपना चार्ज सौम्पा था तब निधि में तीस हज़ार से ज्यादा रकम थी "अरुंधती ने आश्चर्य से कहा।

"पता नहीं... इतने में रागम्मा के साथ हेड मिस प्रभा को आते देखकर सब चुप रह गये।

इतने में तीसरे पीरियड की घंटी घनघनाई तो लीज़र पूरी करनेवाले सभी टीचर बैग समेटकर अपने-अपने क्लाँसेस की तरफ निकल गये।

क्लाँस में जाकर बैठने पर भी अरुंधती के विचारों का तांता नहीं टूटा। किसी को भी कर्ज़ दिये बिना ही टीचर निधि की रकम कहाँ जा रही है? यह बात उसकी समझ में नही आई। जब से प्रभा टीचर एचएम बनी है तब से टीचर निधि का दाइत्व अरुंधती के हाथों से हटाने की प्रभा और रागम्मा ने लाख कोशिश की। लेकिन बाकी टीचरों ने एतराज़ जताई कि "इंदिरा टीचर के रिटायर होने से लेकर अरुंधती ही निधि का काम सम्भाल रही है। बही-खाते में एक पाई का भी अंतर नहीं आया। निधि को सहीसलामत चलाते हुये वह यह बात सुनिश्चित कर रही है कि जरूरतमंदों की आवश्यकतायें वक्त पर पूरी हों। अब उसे अरुंधती के हाथों से हटाने की शीघ्र आवश्यकता क्या आन पड़ी है?" समवेत सवाल किया।

अरुंधती की ग़ैरहाज़िरी में ही ये सारी चर्चायें चलीं। बात के उस की जानकारी में आने पर भी अरुंधती ने उस में अपना हस्तक्षेप नहीं किया। इंदिरा टीचर के सेवानिवृत्त होने के बाद जब प्राक्तन प्रधानोपाध्यायिका प्रभा ने निधि का दाइत्व अरुंधती को सौम्पा तब से अरुंधती ने अपने लिए एक पाई का भी ऋण नहीं लिया और वैसे कर्ज़ा उठाने की जरूरत भी उसे नहीं पड़ी। इतना ही नहीं उसकी मूल निधि भी बढ़ाई। सो सभी टीचर खुशी जाहिर किया करते थे। जब भी पूछो, पैसा देती आई और उतनी ही सख्ती से वसूल भी करती रही ।

लेकिन जब से अधिकार का बागड़ोर प्रभा टीचर के हाथ में चला गया है, तब से अरुंधती को अपनी प्रतिद्वंदी मानकर प्रभा मैडम ने फ़ूट डालो और राज करो की नीति अपनाकर कुछ टीचरों को अपनी तरफ आकृष्ट करने की कोशिश की। नतीजतन टीचर्स फ़ण्ड की जिम्मीदारी अरुंधती के हाथों से रागम्मा के हाथों चली गई।

तब से फ़ण्ड के मामले में टीचरों के बीच में मनमुटाव होने लगे।

फ़ण्ड का दाइत्व रागम्मा के हाथों चले जाने से लेकर टीचरों में दिन-ब-दिन नाखुशी पनपने लगी। सीनियर टीचरों ने एचएम से बात करके रागम्मा के खिलाफ़ फरियाद करके समझाया कि निधियों का दुरुपयोग हो रहा है, सो वह काम फिर से अरुंधती को ही सौम्पा जाये। तो एचएम को मजबूर होकर फ़ण्ड का काम फिर से अरुंधती के हवाले करना पड़ा।

अरुंधतो ने रागम्मा और अन्य दो सीनियर टीचरों को अपने साथ बिठाकर उन सारी प्रविष्टियों की बही खाते में जाँच की जो उसके द्वारा रागम्मा को काम सौम्पे जाने से लेकर फिर से उस के हाथों में आने तक दर्ज़ की गई हैं। खाते में बहुत बड़ा घोटाला निकला। किसने कर्ज़ा लिया है और कितना जमा किया गया है उस तरह की कोई विवरिणी नहीं है। सब के सब खातों में खामियाँ पाई गई हैं। कुछ महीनों में रागम्मा और उसकी दोस्तों द्वारा किये गये पुनर्भुगतान की प्रविष्टियाँ ही नहीं हैं।

"रागम्मा! इतने महीने लता और लक्ष्मी ने किस्त जमा नहीं की है क्या?" अरुंधती ने तहकीकात की।

"जमा किया है न?" रागम्मा ने जवाब दिया।

"कहाँ? माहवार किश्त जमा किये जाने की बात यहाँ नोट नहीं की गई"।

"नोट करना भूल गई" धौंस दिखाने की कोशिश की।

"पैसों के मामले में भूल जाना क्या होता है"? उसके हाथ में आये पैसों और बही में दिखाये गये आँकड़ों में कोई तालमेल नहीं बैठ रहा तो अरुंधती सर पकड़कर बैठ गई।

"दस-बारह हजार से ज्यादा रकम का फर्क दिखाई दे रहा है रागम्मा " अरुंधती ने गम्भीर होकर कहा।

"मैं ने तो सारी बही खाता ठीक से ही लिखा है" वह टस से मस न हुई।

अरुंधती इतने महीनों में जमा हुई रकम और कर्ज़े के रूप में दी गई रकम के अलग-अलग आँकड़े बनाकर एचएम प्रभा के सामने रखकर राई-रत्ती समझाई।

प्रभा मैडम तत्काल रागम्मा को बुलाकर जो रकम कम पड़ रही है उसे तत्काल जमा करने के निर्देश दिये।

"गलती हो गई मैडम! हाथों हाथ इतना पैसा मैं कहाँ से ला पाऊँगी? कुछ न कुछ कम करके सेटिल कर दीजियेगा। माहवार किस्तों में भर देती हूँ" बच न सकी तो रागम्मा ने समझौते का रुख अपनाया।

अरुंधती के हाथ पकड़कर "जैसा बने वैसा कम कर दीजियेगा मैडम" रागम्मा ने गिड़गिड़ाया।

"ठीक है। इसे तुम्हारे नाम कर्ज़ के रूप में लिखती हूँ। माहवार किस्तों में अदा कर दे" अरुंधती मान गई।

"इतनी बडी रकम कर्ज़ा है तो कैसे चलेगा मैडम" गिरियाने लगी। पैसा दोनों हाथ खर्च करने के वक्त अक्ल घास चरने गई है क्या? – अरुंधती ने मन में ही चिड़चिड़ाया।

सवालिया चिह्न लगाकर प्रभा मैडम की तरफ देखा।

"किसी चीज की मरम्मत के लिए स्कूल के नाम से पाँच हजार रूपयों का खर्चा लिखो अरुंधती" एचएम ने सलाह दी।

"राजा ने चाहा तो कुछ भी किया जा सकता है। भूल चूक माफ कर दी जा सकती है या नहीं तो सजा भी दी जा सकती है" अरुंधती ने माना – कभी अध्यापकों के कल्याण के लिए टीचर्स फण्ड का आरम्भ करने वाले टीचरों का स्मरण करती हुई।

# 24
# 'सिनिक' सेंस

"अरुंधती आज मैं स्कूल नहीं आनेवाली हूँ। वैसे तो लक्ष्मी आदतन देर से ही आती है। आपके पास दूसरी चाभी है न, आप जाकर प्रार्थना वगैरह करवाकर कार्यक्रम शुरू करो। इतने में लक्ष्मी भी आ जाती है" प्रभा मैडम ने टेलीफोन में हिदायत दे रही थी।

"यह क्या बात हुई प्रभा! मेरा बेटा अमेरीका से आया हुआ है। वे लोग आज राजमहेंद्रवरम जाकर वहाँ से तिरुपती जायेंगे कहा था न! मैं ने छुट्टी का आवेदन भी दिया था "। छुट्टी के मिस इत्मीनान से घर का काम शुरू करनेवाली अरुंधती की आवाज में तीव्रता शाब्दिक हुई।

"आप ने कहा था। मुझे याद है। लेकिन, मुझे बेहद जरूरी काम पड़ गया है। आज वैसे भी बालोत्सव है न? सो संस्कृतिक कार्यक्रम ही होंगे। थोड़ी जल्दी आकर चली जाना ! उतना भी नहीं हो पाता है तो लक्ष्मी के आते ही काम उसको सौम्प कर आप चली जाना" अधिकार का दर्प हलक में छलकाते हुये कहकर फोन रख दिया प्रभा मैडम ने।

आकंठ आये गुस्से को फोन पर उतारती हुई अरुंधती ने बुदबुदाई।

"क्या हुआ?' अरुंधती के पति ने पूछा।

"मेरे छुट्टी पर रहने की बात जानते हुये भी स्कूल जाने को कह रही है। कहती थी कि उसे कोई जरूरी काम आन पड़ा है। छुट्टी रद्द करवाके स्कूल जाने को कह रही थी प्रभा मैडम" चिढ़ती हुई अरुंधती ने कहा।

"दूसरी एचएम है न?" उस ने भी गुस्सा दिखाया।

"वह लेट लतीफ है। मुझे जाकर गैट खुलवाकर कार्यक्रम शुरू करने के लिए बोलती है"

"स्कूल हमारे घर से उस का घर ही पास पड़ता है न? खुद जाकर शुरू करके बीच में निकल जा सकती है न? इस तरह उसके साथ नरमी बरतती रहोगी तो वह तुम से ऐसा ही खिलवाड़ करती रहती है। इसी लिए मैं ने वाँलंटरी ले लेने के लिए कहा था " अरुंधती के पति ने कहा।

"ओ के डैडी! ममी को जाने दीजिये। वैसे तो रजनी है न वह खाना बना देगी। ममी! आप जल्दी तैयार होकर जाइये" अरुंधती के बेटे ने कहा।

अरुंधती अपना काम शीघ्र निपटाकर स्कूल के लिए आँटो पकड़ी। उसके स्कूल पहुँचने तक सब बच्चे कतारों में खडे हुये हैं। आँफीसवाले कमरे का ताला खोलकर चाचा नेहरू की तसवीर आया के हाथों पकड़ाकर प्रेयर करने की जगह रखने को कहा। किसी ने कुर्सी लाकर उस पर नेहरू जी की तसवीर रक्खी। किसी लड़की ने माला पहनाई। किसी और लड़की ने लाल गुलाब के फूलों को तसवीर के गिर्द संजोया।

इतने में स्कूल का पीपल्स लीड़र आकर " मैडम! माइक सिस्टम बड़ी मैडम के ब्यूरो में रहता है। निकलवाइयेगा " कहा।

तब अरुंधती के दिमाग की बत्ती जली कि उसके पास सिर्फ हेड मिस के कमरे की चाबी ही रहती है।

"हाय राम! मेरे पास ब्यूरे की चाभी नहीं है। क्या किया जाये? अब की बार बिना माइक के ही काम चला लो " कहा अरुंधती ने। उसका मन घर पर ही टिका हुआ है। जितनी जल्दी हो घर जाने की ताक में है। लक्ष्मी टीचर के आने का कहीं नामोनिशान नहीं है।

"कैसे होगा टीचर! माइक और डेक के बिना गाना ठीक नहीं लगता " तब तक डैंस प्राक्टिस करके आये बच्चों ने मुँह लटकाया।

लक्ष्मी टीचर के पास दूसरी चाभी है। उनके आने के बाद डैंस वगैरह किया जा सकता है। तब तक प्रार्थनादिकों को पूरा कर लो " अरुंधती ने सुझाया।

खूब सज-धजकर सामूहिक नृत्य प्रदर्शनी देने के लिए आये बच्चों का मुँह देखकर अरुंधती को तरस आई।

"नहीं तो यहाँ किसी के घर टैप रिकार्डर या म्यूजिक सिस्टम होगा तो ले आओ" समझाने के अंदाज़े में कहा।

इतने में लक्ष्मी टीचर से फोन आया कि वे आज नहीं आ सकती,तबीयत ठीक नहीं है और प्रभा मैडम को भी इस बात की सूचना दी है।

क्या किया जाये, कुछ सूझा नहीं। "मैं साइकल से जाकर मैडम के घर से चाभी ले आता हूँ टीचर" अटेंडर ने कहा। अरुंधती ने प्रभा को फोन भी किया कि चाभी अटेंडर के हाथ भेज दें।

इतने में आया "कल बडी मैडम ने नोटिस लिक्खा है" कहकर नोटिसवाली पंजी दिखाई।

अरुंधती का मन मसोस गया। गौरी को बात समझाकर "अमेरीका से दो साल बाद बेटा घर आया तो घर में रहना बदा नहीं। जल्दी जाना चाहती हूँ तो भी नामुमकिन लग रहा है" कहती हुई आया की दिखाई नोटिस पंजी देखकर अरुंधती भौंचक्का रह गई।

उस में प्रभा मैडम के एक दिन की छुट्टी लेने और उसके बाद कार्यभारी लक्ष्मी के भी छुट्टी पर रहने के कारण अरुंधती को बाल दिवस सम्पन्न करना है और अरुंधती के छुट्टी आवेदन पर अनुमत नहीं किया गया है – लिक्खा हुआ है।

अरुंधती की छुट्टी मंजूर किये बिना पहले ही योजना बनाकर प्रभा और लक्ष्मी ने भी छुट्टी लगा दी है – यही बात गौरी ने भी महसूस की। दोनों को बात अच्छी तरह समझ में आई कि बेटे के घर आने की बात जानकर भी अरुंधती को परेशान करने को ही प्रभा मैडम ने अपना लक्ष्य बनाया है। अरुंधती का चेहरा एक दम गुस्से से लाल-पीला हो गया। उसे परेशान करके कार्यक्रम को सुचारू रूप से चलाने नहीं देकर यह क्या उल्लू सीधा करना चाहती है? गौरी से यही कहा।

"सैडिस्टिकल मेंटालिटी! कोई परेशान हो रहा है तो खुद खुशियाँ मनाने को प्रतिकार भावना ही कहा जाता है" गौरी ने चिड़ती हुई कहा।

"मैं सम्भाल लेती हूँ। आप जाओ" गौरी के कहने पर भी अरुंधती ने पूरा कार्यक्रम सुचारू रूप से सम्पन्न करवाकर घर केलिए निकली।

छुट्टी क्यों बेकार करें! पुत्र और पुत्र वधू के तिरुपति से वापस आने के बाद छुट्टी लेने को सोचकर अरुंधती दूसरे दिन स्कूल चली गई।

लेकिन बाल दिवस के दिन स्कूल में हुये काण्ड़ और घर में बेटे और बहू का अभिनंदन करने आनेवाले रिश्ते-नातेदारों की चहल-पहल से शारीरिक और मानसिक रूप से थकी-हारी अरुंधती क्लाँस में गणित पढ़ाती-पढ़ाती ही चक्कर खाकर गिरती-गिरती बचकर कुर्सी में ही धाँसकर सर मेज पर टिका दिया।

बच्चे घबराकर अपने पास के पानीवाली बोतल से उसके चेहरे पर पानी छिड़काया। कुछ और बच्चे गौरी को बुला लाये। थोड़ी देर बाद अरुंधती होश में आई।

"आप छुट्टी लगाकर चली जाओ अरुंधती। बहुत थकी सी लग रही हो" उसे भींजकर स्टाँफ़ रूम की तरफ ले जाती हुई गौरी ने कहा।

एक लड़के ने बैग सम्भाला तो दूसरे ने हाथ का सहारा देते हुये स्टाँफ़ रूम तक आये।

अटेण्डर को बुलाकर गौरी ने चाय मँगवाई। चाय पीने से अरुंधती को थोड़ी सी राहत मिली। बैग में से निकालकर बीपी की गोली खाई। उस के बाद दस दिन की छुट्टी अर्ज़ करते हुये प्रभा मैडम को आवेदन दिया।

आवेदन को ऊपर से नीचे तक देखकर " करस्पाँन्डेंट की अनुमति के बिना मैं यह छुट्टी मंजूर नहीं कर सकती। जाकर उनका दस्तखत करवाकर लाना " कहा प्रभा मैडम ने।

मैं ने अपनी सारी आकस्मिक छुट्टियाँ बचाकर रक्खी थी कि अमेरीका से मेरे बेटे के आने के अवसर पर लेती हूँ। इतना ही नहीं महिलाओं को खास तौर पर दी जानेवाली छुट्टियाँ भी हैं। आप मंजूर कर सकती हो न? चिकित्सा छुट्टी हो तो उनके हस्ताक्षर की आवश्यकता होती है"। तब तक बीपी के मारे अरुंधती का चेहरा लाल होता जा रहा था।

"किसी भी तरह की छुट्टी क्यों न हो उन्हीं को मंजूर करना चाहिये" लापरवाही से कहा प्रभा ने।

'मानवीय मूल्यों को तिलांजली देकर किस तरह प्रतिकार लिया जा सकता है, कोई इन से सीखे ' सोचा अरुंधती ने।

"ठीक है! मैं खुद जाकर उन से दस्तखत करवाकर भेजती हूँ " कहती हुई उस के हाथों से आवेदन पत्र झट से खींचकर बाहर निकल आई।

गौरी ने दसवीं के किसी लड़के को बुलाकर उसे अरुंधती के साथ, आँटो में ही जाने के लिए कहा।

"डाँकटर को दिखलाओ अरुंधती। आराम करो। लगता है रक्तचाप बहुत बढ़ गया है। एक के साथ कोई दूसरा आन न पड़े। स्कूल के बारे में आप बिल्कुल मत सोचना" गौरी ने अरुंधती को सचेत करके घर भिजवा दिया।

अरुंधती ने साथ लगे बच्चे को टोकना चाहा।

"आने दोना अरुंधती! दस्तखत करवाने के बाद एक काँपी अपने पास रखकर एक काँपी मैडम को भेजना। नहीं तो 'वेतन हानि' मानकर तनख्वाह काट देती" गौरी ने उलाहना किया।

'आपका कहना बिल्कुल ठीक है, प्रभा मैडम तो ऐसी ही जात की है'बीपी के मारे लालिमा लिये अरुंधती के चेहरे से एक पतली सी मुस्कान फूट निकली।

# 25

# लालच की बीमारी

जैस भी हो, नौकरी करनी है, पैसे के मामले में साधिकारिता साधनी है – अपने बचपन से ही पालते आ रहे इस सपने को साकार करती हुई अध्यापिका की हैसियत से स्कूल में पहली बार पैर रखने के दिन का उद्वेग अरुंधती को स्मरण हो आया।

एक ही पद में बिना किसी तरक्की-इज़ाफे के बीस साल काम करने के उपरांत प्राप्त इस पदोन्नति की बदौलत इस स्कूल को करीने से चलाने की महत्वाकांक्षा को हृदय में संजोकर अरुंधती ने प्रधानोपाध्यापिका के कमरे में प्रविष्ट हुई।

इतने में गौरी और शिष्या माधवी आई। गौरी गुलाब के फूलों का छोटा सा दस्ता देकर अभिनंदन किया। माधवी छोटे से फूलदान में गुलाब के फूल के साथ राष्ट्रीय ध्वज भी लगाकर अभिनंदन किया।

दिलोज़िगर भर खुशी के साथ मन में यह सोचती हुई अरुंधती एचएम की कुर्सी पर जा बैठी कि उस सीट में चाहे फूल हों या कांटें अपने कर्तव्य को सुचारू रूप से चलाने की शक्ति मैं खुद एकत्रित कर लेती हूँ।

इतने में अरुंधती के पहले एचएम का पद सम्भालती रही वनजा कमरे में आकर स्कूल सम्बंधी दस्तावेज़,बही-खाते की पंजियाँ,शेष रकम आदि अरुंधती के हवाले किये ।

उसी दिन की शाम को अरुंधती ने सब अध्यापकों की बैठक बुलाई। बैठक में "कल तक मैं आप सबकी सह अध्यापिका रही" कहकर आगे उन से सब तरह की मदद अर्ज़ की। चाय बिस्कुट लेकर सब ने अरुंधती का अभिनंदन किया शुभ कामनायें दीं।

वक्त गुजरते-गुजरते स्कूल के हालात समझ में आने लगे। स्कूल प्रबंधन समिति से ग्राण्टवाली राशि नियमित रूप से प्राप्त नहीं हो रही। इस के पहले जो मिली थी वह ऐसे ही खर्च हो गई। शुल्क के रूप में विद्यार्थियों से प्राप्त होनेवाली राशि नाममात्र की ही होती है।

स्ट्रीट चिल्ड्रन फाउंडेशन वाले हों या अनाथ आश्रम वाले; उनके बच्चों से सम्बंधित शुल्क राशि सालाना एक मुश्त दे रहे हैं। माहवार खर्चे के लिए एक पाई भी नहीं रही। स्कूल में सारे विषय पढ़ाने के लिए पर्याप्त संख्या में टीचर भी नहीं रहे। अरुंधती किंकर्तव्य विमूढ सी रह गई।

हाई स्कूल वाले क्लाँस पढ़ाने के लिए अरुंधती ने अपने जानकार किसी लड़के को अस्थाई रूप से नियुक्त किया। उसे हर माह वेतन के रूप में थोडी सी रकम अपनी जेब से देने का निर्णय लिया।

एक दिन गौरी को साथ लेकर स्कूल सचिव से मिलने गई। रास्ते में उस ने गौरी को स्कूल की वित्त स्थिति के बारे में समझाया। विद्यार्थियों की संख्या कमतर होती जा रही है, जो आ रहे हैं वे भी ठीक से शुल्क नहीं भर रहे हैं। ऐसे में स्कूल कैसे चलाना है मेरी समझ में नहीं आ रहा है गौरी " मायूस होती हुई बयान किया।

"यह कोई नई बात नहीं है मैडम! स्ट्रीट चिल्ड्रन फाउंडेशन और अनाथ आश्रम वाले बच्चों के फीज नियमित रूप से मिल रहे तो थे। फिर भी स्कूल की वित्त स्थिति इतने कम बजट में कैसे चली गई " गौरी ने आश्चर्य व्यक्त किया।

"पता नहीं" अरुंधती ने चुप्पी साधी।

गौरी और अरुंधती ने स्कूल सचिव विनयमणि के साथ इन सारी बातों की चर्चा की।

"आप कभी-कभार स्कूल आया करते हैं तो अच्छा लगता है। आपको देखकर बच्चों का ढाढ़स बंध जाता है कि उन्हें आपका आसरा-आशीर्वाद है। बच्चों की परिस्थितियाँ और उनकी आर्थिक पृष्टिभूमि की जानकारी भी आप को मिल जाती है। फीस भरना तो दूर की बात, काँपियाँ खरीद लाने के लिए कहा जाये तो भी वे स्कूल आना छोड़ देते हैं। ऐसे बच्चों को आपकी भी मदद मिल जाये तो स्कूल को बचा पायेंगे" अरुंधती ने कहा। उस महीने में आनेवाले राष्ट्रीय उत्सव में भाग लेने का आमंत्रण भी दिया। सचिव महोदय उस राष्ट्रीय उत्सव में पहली बार शरीक होनेवाले हैं सो अरुंधती ने उस कार्यक्रम को सुचारू रूप से चलाने का काम कुछ टीचरों को आबंटित किया।

सचिव महोदय के साथ अरुंधती के आमंत्रण पर स्कूल के अध्यक्ष और करस्पाँन्डेंट भी समारोह में शरीक हुये।

प्रत्येक कक्ष में प्रथम आये छात्र-छात्राओं को अपनी व्यक्तिगत हैसियत से अरुंधती द्वारा हर वर्ष दिये जानेवाले नकद पुरस्कार वितरित किये गये। कार्यक्रम के अंत में आयोजित

बैठक में विद्यार्थियों को दिये जा रहे नकद पुरस्कारों की प्रशंसा करने के साथ-साथ सचिव महोदय विनयमणी ने यह भी कहा कि उन्होंने अपनी तरफ से भी स्कूल के लिए कुछ न कुछ सहायता उपलब्ध कराने का निर्णय लिया है। घोषणा की कि हर क्लाँस में विद्यार्थियों की संख्या के आधार पर कितनी काँपियों की जरूरत पड़ती है, उसकी सूची बनाकर दी जाये तो उतनी काँपियाँ उपलब्ध कराई जायेंगी। सभी टीचरों ने इस बात पर खुशी जाहिर की।

दो-चार दिनों में सारे टीचरों ने कक्षावार आवश्यक काँपियों की सूची तैयार की। उनकी अंतिम सूची तैयार करके गौरी और किसी दूसरी टीचर ने उसे अरुंधती के सिपुर्द किया।

एक दिन सचिव के कहे मुद्रणशाला का मालिक आकर सूची ले गया।

"वाकई इतनी काँपियाँ दिलवायेंगे क्या?" टीचरों ने अपनी शंका व्यक्त की।

"देखते हैं, आगे-आगे क्या होगा, देंगे तो उनकी भलाई है"? अरुंधती ने कहा।

सब लोगों को अचम्भे में डालकर एक हफ्ते के अंदर-अंदर काँपियों के साथ एक वैन स्कूल के अहाते में प्रवेश किया। सारे टीचर और छात्र-छात्राओं की आँखों से खुशियों पुलझड़ियाँ फ़ूट निकलीं।

गौरी को बुलाकर अरुंधती ने कहा कि वह किसी दूसरी टीचर की मदद से काँपियों को साइंस लैब के पीछेवाले कमरे में संजो रखवाये। प्रेस के मालिक ने काँपियों की पावती दर्ज़ करवा ली। अरुंधती ने सचिव महोदय के साथ-साथ अध्यक्ष महोदय को भी स्कूल की तरफ से कृतज्ञता ज्ञापित की।

कक्षावार छात्रों को काँपियाँ पहुँचाने की जिम्मेदारी अरुंधती ने गौरी और अखिला टीचरों को सौम्पी। शुरू में विषय के मुताबिक एक-दो काँपियाँ देकर उनके खत्म होने के बाद ही एक और देने को कहकर क्लाँस टीचरों से दस्तखत लेने को भी कहा गया। इस तरह सब को दिलाने के बाद भी और उतनी मात्रा में काँपियों के बचे रहने को देखकर अरुंधती और गौरी भौंचक्का रह गईं। अपनी मांग की दुगुनी काँपियाँ दिलानेवाले दानियों को शुक्रिया अदा की।

चार-पाँच महीने गुजर गये। दसवीं कक्षा में पढ़ा रही अरुंधती ने देखा कि बहुत सारे बच्चों के क्लाँस वर्क की काँपियाँ खत्म होने की हैं। सो उन से गौरी के पास जाकर अपना हवाला देकर काँपियाँ लेने को कहा।

एक छात्रा ने आकर "गौरी टीचर आपको लिवा लाने को कहा है मैडम" कहा।

वह खुद दे सकती थी न! सोचकर कुर्सी पर से उठकर गई।

गौरी उसके पास चाभी के न होने के बारे में कहते हुये साँरी जाहिर करके आगे बताया कि “चंद दिन पहले ‘साइंस के उपकरण लेने हैं, बच्चों को डेमो करके पढ़ाना है’ कहकर अखिला ने चाभी ली थी। तब से चाभी उसी के पास है। आप से बताना भूल गई”

एक विद्यार्थिनी को अखिला के पास भेजकर चाभी मंगवाई। उस के पीछे-पीछे अखिला भी आई।

कमरा खोलकर देखा तो उस में जितनी होनी हैं उतनी काँपियाँ नहीं रहीं। तब तो अरुंधती ने कुछ नहीं कहा। गौरी ने सब को काँपियाँ देकर भिजवा दिया। वहीं पड़ी अकाउण्ट बुक खोली अरुंधती ने।

बिना पूछे ही अखिला ने अपनी साफगोई जताई कि “बच्चे आकर पूछ रहे हैं थे तो कभी-कभार देती आई थी मैडम “।

“तो इस में नोट किया है?” अरुंधती ने तीव्र स्वर में पूछा।

“थोड़े बहुत नोट किया है” अखिला ने धीमी आवाज में उत्तर दिया।

उसे कुछ नहीं कहकर कमरे को ताला लगाकर चाभी गौरी के हाथ दी।

“आगे से काँपीयाँ किसी को भी दे तो इस में लिक्खा करो गौरी। लेनेवाले के हस्ताक्षर भी लो। मैं नहीं समझती कि अपने खुद के बच्चों को काँपियाँ खरीद न सकनेवाली बुरी हालत में हमारे टीचर नहीं हैं” कहा। उसकी आवाज में दृढता।

वापस क्लाँस में गई अरुंधती का मन व्याकुल और अस्थिर हो गया।

स्कूल के सभी बच्चों को काँपियाँ दिलवाने की खुशी जलकर भाप बन गई।

# 26

# दफ़्तराना जोंक

"फिलहाल मैं बिजी हूँ। अगले हफ़्ते आने को बोला था न?" बगल में ही रहनेवाले ऑफिस के कमरे में क्लर्क किसी पर चिल्ला रहा था।

"ऐसा बोलेंगे तो कैसे माई बाप! इतने दिन से चक्कर काट रहा था साब? टीसी नहीं दिखाऊँ तो लड़के को वहाँ हॉस्टल में दाखिला नहीं दे रहे हैं" गिड़गिड़ाते हुये बुदबुदा सी कोई आर्द्रता भरी आवाज़।

बड़ी लगन से खाता-बही परख रही अरुंधती का ध्यान भंग हुआ। सर उठा कर खिड़की में से देखा तो बरामदे में से निकलते जा रहे शायद बाप-बेटे हों दिखाई दिये।

अपनी मेज पर की घंटी बजाई। अटेंडर रामू दौड़ता हुआ आया। "वेंकट राव क्यों चिल्ला रहा है? बुला ला" अरुंधती ने कहा।

इतने में वेंकट राव खुद चला आया।

"क्या बात है? उस लड़के को अभी तक टीसी नहीं दी क्या? मेरे दस्तखत किये भी बहुत दिन हो गये न?" पूछा।

डीईओ से दस्तखत करवाने हैं, वे छुट्टी पर हैं" थोड़ी सी लापरवाही से कहा।

ऑफिस के स्टॉफ स्कूल में अरसों से जड़ें जमाये बैठे हैं। एचएम ही बदलते आ रहे हैं। अरुंधती पहले से ही देखती आ रही थी कि स्कूल के कार्यालयीन कर्मचारी ऐसा व्यवहार कर रहे हैं कि स्कूल की राई-रत्ती उन्हीं के हाथ रहने की बदौलत वे ही सर्वम सहा हों और स्कूल के प्रबंधन में उनका सिक्का ही बोलता है।

"जितनी जल्दी हो सके दे देने का बंदोबस्त कीजियेगा" कहकर फिर बही में सर खपा लिया।

नकद बही में जिरॉक्स,रजिस्टर,स्टेशनरी आदि हेतु ढेर सारी प्रविष्टियाँ दर्ज़ की हुई हैं। भर्ती नहीं किये जाने की वजह से अध्यापकों की संख्या दिन-ब-दिन कम होती जा रही

है। स्कूल के इर्द-गिर्द रहनेवाले सरकारी मकानों को तोड़ देने से उसके चारों ओर कंटीले झाड़-झंकाड़ फैल गये। निर्माण कार्यों के साथ-साथ गैर-सामाजिक क्रियाकलाप भी बढ गये। उस से डर के मारे स्कूल आनेवाले बच्चों की संख्या भी कम हो गई। अंग्रेजी पढ़ाई माध्यम के मोहजाल में पड़कर गरीब-गुरबे भी अपने बच्चों को उन्हीं स्कूलों में भर्ती करा रहे हैं। होते-होते क्षेत्रीय भाषा माध्यम से पढ़नेवाले बच्चों की संख्या भी कम होती गई। टीचरों के कम हो जाने और विद्यार्थियों के ना होने पर भी बही खाते में नकद के शीर्ष में रसीदें ढेर सारी दर्ज़ की हुई हैं! अरुंधती का अनुभव बता रहा है कि पूछने पर भी आँफिसवालों से सही जवाब मिलनेवाला नहीं है।

प्रधानोपाध्यापिका की पदोन्नति प्राप्त करने के नये दिनों में ही अरुंधती ने तनख्वाह वाली बही में थोड़ा सा फ़र्क महसूस किया।

रिकार्ड सहायक को बुलाकर पड़ताल की।

“टीचरों से सम्बंधित सामूहिक बीमा खाते में जमा की जानेवाली रकम स्लैब पद्धति में काटकर चालान जमा किया जाता है। सीनियर टीचरों की तनख्वाह में की जानेवाली कटाई एक महीने से दूसरे महीने में बदलती क्यों जा रही है? ऐसा क्यों हो रहा है?” प्रविष्टियों के नीचे पेंसिल से हल्की सी रेखा खींचती हुई पूछा।

गोल- मटोलकर जवाब दिया रिकार्ड सहायक ने।

इसके पहले वाली रजिस्टर भी मँगवाकर हर महीने की खाता बही देखी तो बात थोड़ी सी समझ में आई।

कार्यालय के दो-तीन कर्मचारी मिली-भगत कर कुछ सालों से अपनी तनख्वाह से किस्त नहीं काटकर स्कूल में कुछ ऐसे सीनियर अध्यापकों के वेतन में से काटकर उस रकम को अपनी किस्तों के तहत जमा करते आ रहे हैं जो माहवार ऐसी बातों पर ज्यादा ध्यान नहीं देते कि उन्हें तनख्वाह के नाम से कितनी रकम जमा हो रही है और किस्तों के कटने के बाद बैंक खाते में कितनी नकद जमा हो रही है। पूरे स्टाँफ को मिलाकर वेतन का एक ही चेक प्राप्त होता है। अध्यापकों की श्रेणी के अनुसार किस्त राशि के बीस,चालीस और साठ रूपये होने के कारण और रकम भी ज्यादा नहीं होने के कारण भी किसी ने इस घोटाले को पहचान नहीं पाया। इतना ही नहीं करनेवालों ने बड़ी होशियारी बरती कि नियमित रूप से एक ही राशि नहीं काटी। इस वजह से किसी को शक भी नहीं लगा।

दुबारा वेंकट राव को बुलाकर पूछा तो –‘ आप को पता नहीं है मैडम। सामूहिक बीमा किस्त कभी-कभार बदलती रहती है। चाहे तो आप भूतपूर्व एचएम को बुलाकर भी पूछ ली जियेगा” कहते हुये कुछ और खाता दिखाने लगा।

अरुंधती की समझ में नहीं आया कि क्या कहा जाये। बाद में गौरी को बुलाकर मशविरा किया।

“जाने दीजिये अरुंधती मैडम! ये सब पच्चीस-तीस साल से इसी स्कूल में हैं। अब सीनियरों के रूप में हमारे ही वेतनों में से पैसों का ग़बन किया जा रहा है। और दो साल में आप रिटायर होनेवाली हैं। तब तक उन में से भी दो-तीन रिटायर होनेवाले हैं। अब क्यों खाली-पीली सरदर्द मोल लें? इस से ये हमारे हर काम में रोड़े अटकाते रहेंगे “ गौरी ने कहा।

यह बात भी सही है, पर इतनी सी रकम में हम कोई महल बनवानेवाले नहीं हैं। फिर भी उनकी लालच पर घिन आती है” अरुन्धती ने चिड़ती हुई कहा।

“उच्च अधिकारियों को शिकायत करें तो...? गौरी ने कहा।

“इस से भी कोई फ़ायदा नहीं होनेवाला है। वहाँ भी ऐसे ही चलता है। हमारे डीए और एरियर्स मंजूर करवाने के लिए कैसे खटते रहे हैं याद करो“अरुंधती ने कहा।

इस बात का पता लग जाने के बाद क्लर्क अपने ही वेतन से किस्ते भरने लगे कि उनकी करतूतों की भनक अरुंधती और गौरी को लग गई है।

समस्या का हल निकल गया है ! अरुंधती ने आराम की साँस ली।

एक दिन अरुंधती के स्कूल के गेट तक आते ही टीसी के लिए स्कूल के चक्कर काट रहे बाप-टे नमूदार हुये।

“क्या बात है? आप लोग दुबारा आये?”

“टीसी पर जन्म की तारीख गलत लिखी है मैडम। डीईओ सार ने दस्तखत नहीं किये। ठीक करवाकर लाने को बोले” लड़के के पिता ने कहा।

अरुंधती ने यह सोचते हुये उसके हाथ का फार्म लिया कि मैं ने वेरिफाई करके ही साइन किया था। देखा तो फार्म में उसके हस्ताक्षर भी नहीं दिखे। आश्चर्य हुआ।

“मैं ने कब का जन्म की तारीख, दाखिला लेने की तारीख सब देखकर वेंकट राव को दिया था” ।

हाँ मैडम! वो वाला फारम ठीक नहीं है कहकर साब ने दूसरा फारम भरा था। कहा था कि डीईओ का दस्तखत हो तो आपके साइन के नहीं होने पर भी चलता है “।

"लड़के को हाँस्टल में दाखिला दिलाने के लिए एक तरफ़ चक्कर काट रहा हूँ, यहाँ तो रोज़ाना आने पर भी काम नहीं हो रहा है। दूसरी तरफ वहाँ लेट हो जाने से हाँस्टल में सीट नहीं मिलेगा कह रहे हैं" लड़के का पिता गुहार लगाया।

बच्चे को सामाजिक कल्याण विभाग के हाँस्टल में दाखिल करके पढ़ाने के लिए तप रहे उस गरीब बाप को देखकर अरुंधती को बेहद दु:ख हुआ। गरीब- गुरबों के लिए उद्दिष्ट ऐसी कितनी ही योजनायें इसी तरह दुरुपयोग होती जा रही हों।

"क्यों कर ऐसा कर रहा है वेंकट राव? इन लोगों से चक्कर कटवाने में उसे क्या खुशी मिलती होगी '- क्लर्क पर अरुंधती को आकंठ गुस्सा आया।

"रिकार्ड असिस्टेंट को साथ लेकर जाओ, वह डीईओ साब से दस्तखत करवायेगा" सांत्वना पहुँचाते हुये फ़ार्म लेकर आँफिस रूम से रजिस्टर लेकर फिर एक बार वेरिफाई करके दस्तखत करके दिया।

"वह सार भी ऐसा ही है। इस दफ्तर में काम करनेवाले एक सेर है तो दूसरा सवा सेर है ..." कहकर डरते हुये अरुंधती की तरफ़ देखा।

अरुंधती ने कुछ नहीं कहा तो लगता है उस बंदे का ढाढ़स बंध गया ' मेम साहिबा ! मेरे इन बातों पर आप गुस्सा मत कीजियेगा। इन दो महीनों से देखता आ रहा था न ! मुझे बाहर ले जाकर चाय-नाश्ता मेरे ही पैसों से कर रहे हैं। मेरा काम तो नहीं निपटा रहे हैं। ऐसे लोगों के साथ आप इस्कूल कैसे चला रही हैं मैडम? थोड़ा होशियार रहियेगा ! ये सब बड़े घाघ पुजारी हैं" उस गरीब बाप की बातों में आँफिसवालों के प्रति गुस्सा,घिन और निस्सहायता कूट-कूटकर भरी हुई हैं।

अरुंधती मुस्कुराकर सिर हिलाया। इतने में वेंकटराव भी आया। मैं बात करती हूँ कहकर अंदर गई।

"इन लोगों को और कितने दिन तक परेशान करोगे? मेरा वेरिफाय करके दस्तखत किया फार्म कहँ गायब कर दिया? हाई स्कूल के विद्यार्थी को टीसी देते वक्त अपनाई जानेवाली औपचारिकताओं के बारे में नहीं जानते हो क्या? इतना सीनियर हो ऐसा कैसे चलेगा? बच्चे की पढ़ाई के लिए तड़प रहे गरीब बाप को और कितना सताओगे?" नर्मी के साथ ही स्पष्ट बोली।

"डीईओ नहीं है मैडम" कहकर बच्चे के पिता को स्कूटर पर बिठाकर ले गया। वापस आने के बाद वह बाप, बेटे को लेकर अरुंधती के पास आया।

“डीईओ सार ने दस्तखत किया है मैडम। प्रणाम मैडम” कहकर खुद नमस्कार करके बेटे से भी अरुंधती को नमस्कार करवाया।

“सार ने कितना लिया” अरुंधती ने धीमी आवाज़ से पूछा।

“पाँच सौ” उस ने भी बुदबुदाया।

जाते रहे बाप-बेटे को देखकर अरुंधती ने – खून चूसनेवाले जोंकों से भरे गंदले चहबच्चे में हूँ क्या ? पैरों तले गीलापन महसूस किया तो अरुंधती अचकचा गई।

“मेडम साफ पानी के घड़े में छेदा हो गया तो पानी फैल रहा है” आया ने कहा।

# 27

# बकासुर

स्कूल की वित्त स्थिति अरुंधती को दिन-ब-दिन विकल मनस्का कर रही है। हाई स्कूल में टीचरों की कमी। नए सिरे से टीचरों की भर्ती करने के हालात भी नहीं रहे। दूसरे स्कूलों से अपने आप कोशिश करके इस स्कूल में तबादला करवानेवाले टीचरों के मामलों को उठाने के सिवा खाली जगहों को भरने के लिए सरकार अपनी तरफ़ से कनिका भी नहीं उठा रही है ।

जात-पांतवार या धर्म-मजहबवार गुरुकुल कायम करने के रोजाना वादा करनेवाले नेताओं या फूट डाल कर राज करनेवाली सरकारों द्वारा कल के नागरिकों को सम्यक ज्ञान प्राप्त करानेवाली पाठशालाओं की दुस्थिती जद में नहीं ली जा रही।

अस्तित्व में रहनेवाले स्कूलों का पुनरुत्थान करके उन में मूल भूत सुविधायें उपलब्ध कराई जाती हैं तो उन स्कूलों के आसपास रहनेवाले बच्चे शिक्षा की तरफ आकृष्ट होकर सरकारी स्कूलों में दाखिला लेंगे।

कारपोरेट स्कूल गली मोहल्ले में कुकुरमत्तों की तरह निकलते आ रहे हैं जब कि सरकारी स्कूलों का जुआ उतरता जा रहा है।

अरुंधती के विचारों का ताँता टूटने का नाम नहीं ले रहा है। कुछ दिन पहले सरकार ने ऐलान किया था कि आठवीं कक्षा तक शिक्षा निःशुल्क होगी। शेष बची हैं नौवीं और दसवीं कक्षायें। इन में बहुधा अनुसूचित जाति एवं जनजाति के बच्चे ही पढ़ते हैं और कन्याओं की निःशुल्क शिक्षा होती है।

बचे बिलकुल ही कम छात्रों से प्राप्त होनेवाली  शुल्क राशि किस काम की? प्रबंधन से उपदान राशि दो-तीन सालों में एक बार प्राप्त होती है। अरुंधती को स्कूल चलाने का उपाय नहीं सूझ रहा।

वैसे भी, नौवीं और दसवीं कक्षाओं को सामान्य शास्त्र पढ़ाने हेतु किसी टीचर को मुकर्रर करके उसके वेतन का खर्चा अरुंधती खुद उठा रही है। स्कूल चलाने में अपना हाथ बाँटने कामन रखनेवाले एकाध टीचर अस्थाई आवश्यकतायें पूरी करते आ रहे हैं।

स्कूल के आवश्यक रजिस्टर,परीक्षाओं के लिए जरूरी स्टेशनरी का बंदोबस्त अरुंधती ही कर रही है।

"स्कूल चलाने के लिए सभी टीचरों से माहवार कम से कम एक सौ रुपया देने को कहेंगे क्या" गौरी ने सुझाया।

"छोड़ो न गौरी! देना चाहनेवाले और हालात समझनेवाले दे ही रहे हैं" अरुंधती ने नकार दिया।

कितनी ही किफ़ायती बरते हर माह अरुंधती के हाथ का खर्चा कुछ ज्यादा ही हो रहा है।

एक दिन शिक्षा विभाग का क्लर्क आकर अरुंधती को पंद्रह हजार रुपयों का चेक देकर पावती लेकर चला गया। अरुंधती के एच एम बनने के बाद पहली बार प्राप्त चेक होने के नाते उस के बारे में अरुंधती को कुछ पता नहीं था। प्रावरण पत्र पढ़ने से पता चला कि वह सर्व शिक्षा अभियान विभाग का चेक है। उस राशि को एक से लेकर सातवीं कक्षा तक के छात्र-छात्राओं के शिक्षा संबंधी क्रिया कलापों के लिए खर्च करना है,आवश्यक उपकरण खरीदने के लिए संबंधित कक्षाओं के अध्यापकों को पाँच-पाँच सौ रुपए उपलब्ध कराने हैं। अरुंधती सोच में पड़ गई कि ऐसे में काड़ी खरीदने के लिए भी लालाइत होने की नौबत कैसे आई जब कि शिक्षा संबंधी क्रियाकलाप संपन्न कराने के लिए इतनी राशि प्राप्त होती रही? अरुंधती को इस बात का पता जरूर था कि प्राथमिक कक्षाओं के लिए सहायता राशि मिलती है। लेकिन उसे इस बात की कोई सूचना नहीं रही कि वही राशि छठी और सातवीं तक की कक्षाओं के लिए भी उद्दिष्ट है। इस के पहले भी इतनी ही रकम जरूर मिलती रही ही होगी। लेकिन इस बात का कोई सबूत दिखाई नहीं दिया कि स्कूल के लिए कोई चार्ट या शिक्षा सहायक उपकरण खरीदे गये हों। ऐसे में संबंधित अध्यापकों को निर्धारित राशि आबंटित होती रही या नहीं? इतनी राशि का क्या हश्र हुआ होगा? – अरुंधती के विचारों का पारावार हो गया। सर चक्कर खा गया।

इतने में प्राथमिक शिक्षा की कार्यभारी रागम्मा आई। अरुंधती ने उसे चेक दिखाया तो –

"ओ हो चेक आया क्या? मैं आए दिन सोच रही थी कि अब की बार चेक अब तक क्यों नहीं आया। भोजन विराम में इसे बैंक में जमा करके आती हूँ " कहकर रागम्मा चेक ले रही थी तो,

"जमा कराने के लिए शिक्षा समिति की रत्नम्मा को भी आना चाहिए था न? " अरुंधती ने कहा।

"अभी बच्चों को भेजकर बुला लाने कहती हूँ "रागम्मा जाने को उद्यत हुई।

"थोड़ी देर रुको रागम्मा। यह पूरी रकम मात्र प्राथमिक कक्षाओं के लिए ही नहीं है, बल्कि सातवीं तक की कक्षाओं का भी निर्वाह करने के लिए सूचित किया गया है। बाकी रकम मुझे कब दोगी? उन कक्षाओं के लिए ज्यामिति बॉक्स वगैरह लेने हैं" अरुंधती ने दावा किया।

"उन कक्षाओं के लिए कुछ नहीं मिलता। प्राथमिक कक्षाओं के लिए ही मिलता है" रागम्मा ने झुठलाने की कोशिश की।

"चेक के प्रावरण पत्र में भी सूचित किया गया है कि रकम सातवीं तक की कक्षाओं के लिए भी खर्च की जानी है। हाई स्कूल को छोड़कर जैसे आप कह रही थी सिर्फ़ प्राइमरी के लिए है तो बात ठीक है "अरुंधती ने पत्र दिखाया।

"ठीक है! चेक बैंक में जमा होने के बाद पैसा निकालती हूँ न तब दे देती हूँ" जैसे अपनी जेब से दे रही हो, रागम्मा ने कहा।

"पैसा कब निकालोगी" अरुंधती ने दोहराया।

"आज रत्नाम्मा आती है तो चेक बैंक में जमा कराती हूँ। एक-दो दिन बाद पैसा निकालने जाती हूँ। तब दूँगी रागम्मा वहाँ से निकलती हुई बोली।

उस दिन को शिक्षा समितिवाली रत्नम्मा भोजन विराम के वक्त आई तो दोनों ने जाकर चेक बैंक में जमा किया।

दो दिन बाद एक रोज अरुंधती दसवीं कक्षा में पढ़ाने के बाद ऑफिस में कैश बुक देखने के काम पर बैठ गई तो उसे फुर्सत नहीं मिली।

लंच की घंटी घनघनाई तो तब रजिस्टर बंद करके उठी।

आँफीस रूम की कुण्डी लगाकर खाना खाने स्टॉफ रूम की तरफ निकली। रोजाना स्टॉफ रूम में ही गौरी के साथ बैठकर खाना खाने की अभ्यस्थ है अरुंधती।

खाना खाकर मुँह हाथ धो रही थी तो बरामदे की सीढ़ियाँ चढ़ती आ रही किसी लड़की को देखा। पहले तो पहचान नहीं पाई लेकिन पहचान जाने के बाद " हैलो ! तुम रागम्मा की बड़ी बेटी रजनी हो न " कहा।

"हाँ मैडम! कैसी हैं आप?" उसने खैरियत पूछी।

"क्या बात है, यहीं आई हो?" हरकत सुनकर उस तरफ़ आई किसी और टीचर ने पूछा।

"शापिंग जाने के लिए माँ ने बुलाया तो आई कहकर वह लड़की –

"माँ! ऑटो रुकवाकर आई। आप आ जाओगी?" पूछती हुई स्टॉफ रूम में दाखिल हुई।

"मैं जा रही हूँ मैडम"कहती हुई रागम्मा ने आधे दिन की छुट्टी का पत्र अरुंधती के सामने रखा।

अरुंधती ने " स्कूल के छोड़ने के बाद जा सकती हो न शापिंग ?" तीव्र स्वर में झिड़काया।

"तब तक बैंक बंद हो जाता है। यह लीजिए! रत्नम्मा भी आई" कहकर हड़बड़ाती हुई चली गई।

तभी उस तरफ आती ललिता ने "सर्व शिक्षा अभियान के पैसे मिले हैं न? शापिंग के लिए बेटी बुला लाई है "उलाहना किया।

अरुंधती ने नासमझी सा चेहरा बनाया।

"हाँ मैडम! जब से यह सर्व शिक्षा अभियान के पैसे मिलने लगे हैं तब से उनका यही रवैया है। शिक्षा के उपकरणों के लिए हम प्राइमरी टीचरों को पाँच-पाँच सौ रुपए देने हैं, लेकिन हमारे हाथ सौ-दो सौ पकड़ाती है। सर्व शिक्षा अभियान वाली रत्नम्मा के हाथ थोड़े से पैसों से गीला करती है। बचे बाकी सारे पैसे शापिंग की ही खातिर होती हैं " ललिता ने गुस्से से अपना गुबार निकाला।

"सच कहूँ तो उन पैसों में छः और सातवीं कक्षाओं का भी हिस्सा है" अरुंधती ने बताया।

"आज तक उन सारे पैसों को उन्हों ने ही हड़प लिया है शायद" ललिता ने धीरे से बुदबुदाया।

"इस तरह पूरे पैसे का दुरुपयोग किया जा रहा है तो स्कूल कैसे सुधारेंगे"

अरुंधती ने हतप्रभ कहा।

जब तक टीचर बनी रही तब तक प्रकाश में नहीं आई ढेर सारी राज़ की बातें अब अरुंधती के हेड मिस बनने के बाद एक-एक करके प्रकाश में आने लगीं।

दूसरे दिन रागम्मा के स्कूल आते ही अरुंधती ने अप्पर प्राइमरी को मिलनेवाले पैसों के बारे में पूछा।

कल-परसों करके चार दिन कन्नी काट कर अब आगे और टाला नहीं जा सकता मानकर रागम्मा ने अरुंधती के हाथ दो हजार रुपए रख कर " इतना ही बचा है" कहा।

"तो फ़िर बाकी पैसों का क्या हुआ?" पूछनेवाली अरुंधती की तरफ़ आँखें तरेरती "वह प्राइमरी से ताल्लुक रखते हैं। आप को इस में कुछ लेना-देना नहीं है" कहा।

"आप सिर्फ प्राइमरी के इंचार्ज हो, जब कि मैं पूरे स्कूल के प्रबंधन की देखरेख करनेवाली एचएम हूँ" अरुंधती ने कठिनाई बरती।

रागम्मा कुछ बुदबुदाती वहाँ से निकल गई।

गौरी को बुलाकर "छः और सातवीं कक्षाओं में फीज नहीं भर सकनेवाले अल्प संख्यक वर्गों के दो-चार बच्चे हैं, उनके फीज भरकर, बचे पैसों से उन कक्षाओं के बच्चों के लिए जामेट्री के बक्से और पढ़ाने में काम आनेवाला एक बड़ा सा जामेरी बाक्स खरीद लाओ,पुराना वाला खराब हो गया है" कह कर अरुंधती ने गौरी को वे दो हजार रूपए दिए।

दूसरे दिन क्लाँसेस के राउण्ड लगाते वक्त जामेट्री बक्से के सहारे गणित कर रहे छः और सातवाली कक्षाओं के बच्चों के चेहरों पर छलक रही खुशी अरुंधती के होंठों पर छिटकी।

# 28

# चाणक्यनीति

"ऐसा कैसा हुआ?" आश्चर्य और आंदोलन एक साथ हावी हो गए। अरुंधती डीईओ कार्यालय से आया पत्र देखा तो सर पकड़कर कुर्सी में बैठ गई।

क्लाँस की हाजिरी पंजी लेने आई गौरी ने "क्या बात है अरुंधती? क्या हुआ" आतुरता से पूछा।

अरुंधती ने चुपचाप डीईओ कार्यालय से प्राप्त पत्र गौरी को दिखाया। इतने ही में पंजी में हाजिरी लगाने वल्ली और कांता भी वहाँ आईं।

"यह क्या? ऐसा कैसे हुआ?" गौरी ने भी आश्चर्य व्यक्त किया।

पत्र का सारांश है- सब जूनियर वल्ली और कांता को किसी दूसरे स्कूल में तबादला कर दिया गया है और उन दोनों को तत्काल कार्य मुक्त कर दिया जाए।

अरुंधती ने वल्ली और कांता दोनों को बिठाकर समझाया कि "पाठशालाओं के औचित्यीकरण की पृष्ठभूमि में विद्यार्थियों और अध्यापकों की संख्या की प्रतिशतता के मुताबिक स्कूल में सब जूनियर होने के मद्दे नज़र आप दोनों को किसी दूसरे स्कूल को आबंटित किया गया है, लेकिन आप परेशान मत होइएगा मैं सुनिश्चित करूँगी कि आप दोनों को इसी स्कूल में रखा गया है "

कहकर दोनों का ढाढस बंधाया।

सुनते ही दोनों आग बबूला होकर अरुंधती पर बरस पड़ीं कि "जान-बूझकर आप ही हम दोनों को यहाँ से ट्रांसफर करा देने की कोशिश कर रही हैं "।

"देखिए। मैं क्यों आप दोनों को ट्रांसफर करा देने लगूँ? वैसे भी स्कूल में टीचरों की कमी है। मैं सोच नहीं सकती क्या कि आप दोनों को कहीं और भेज कर मैं स्कूल कैसे चला पाऊंगी? उपदान प्राप्त पाठशालाओं में पदोन्नतियों और भर्तियों पर रोक लगा देने से नए टीचरों का आना अब नामुमकिन है। ऐसे में जो हैं उनको हम कैसे छोड़ सकते हैं?" कहकर

गौरी और अरुंधती ने "इस समस्या का कोई न कोई हल निकाल लेंगे,आप मत घबराइएगा" कहकर दोनों को समझाया।

वे दोनों अपने क्लाँस में जाने के बिना स्टॉफ रूम में ही बैठकर अरुंधती को दिन भर कोसती रहीं। अरुंधती के खिलाफ भड़काने के लिए उन के पीछे कौन सी शक्तियों काम कर रही हैं इस बात से गौरी और अरुंधती दोनों को अच्छी तरह वाकिफ़ है। टीचरों के बीच आग लगानेवालों के स्कूल छोड़ जाने के बाद भी उनकी लगाई आग सुलगती ही रही।

अरुंधती ने अध्यापक संघ के नेताओं को फोन करके मसले के बारे में बताया। उन्हों ने कहा कि संघ के लिए काम करनेवाला वकील किसी स्कूल के अहाते में ही अपना दफ्तर चलाता है, अभी उस के पास ऐसे मुकदमे ढेर पड़े हैं, वह सवेरे दस बजे तक और शाम को पॉच बजे से वहाँ रहता है,हम उन से बात करते हैं और आप भी जाकर उन से मिलियेगा कहकर वकील का फोन नंबर भी दिया।

अरुंधती को प्रधान अध्यापकों की वह बैठक स्मरण हो आई जो दो-तीन हफ्ते पहले ही बुलाई गई थी जिसे शिक्षा विभाग के आधिकारियों के तत्वावधान में आयोजित किया गया था।

विद्यार्थियों का कक्षावार ब्यौरा तैयार करने और वरिष्ठता क्रम में अध्यापकों और उनका सेवाकाल तथा उनकी शिक्षा योग्यताओं के साथ सूची बनाकर ले आने का आदेश दिया गया है।कहा गया है कि वे अपनी पाठशालाओं की समस्याओं और उन में उपलब्ध मौलिक सुविधाओं के बारे में सूचित करें।

इसी मौके पर अरसों से टीचरों के सेवानिवृत्त हो जाने और उनकी रिक्तियों को भरे नहीं जाने के कारण स्कूलों में टीचरों की कम होती जा रही संख्या पर अरुंधती ने जोर दिया कि –

"हमारे स्कूल में हाई स्कूल कक्षाओं को तेलुगु,हिंदी और साइंस पढ़ाने के अध्यापक नहीं हैं। प्राथमिक कक्षाओं के दोनों माध्यमों को मिलाकर दस कक्षायें हैं जब कि उनको पढ़ाने वाले टीचर सिर्फ पाँच हैं। इस वजह से ऑफिस के स्टॉफ, पीटी टीचर और क्राफ्ट टीचरों को भी सब्जेक्ट पढ़ाने के काम में लगाना पड़ रहा है। बोर्ड एग्जाम देनेवाले दसवीं कक्षा के बच्चों को पढ़ानेवाले टीचरों को दुगुनी कठिनाई उठानी पड़ रही है। एक-एक अध्यापक को दो-दो विषय पढ़ाने पड़ रहा है। लेकिन फिर भी,यह सुनिश्चित करने के लिए शतथा प्रयास कर रहे हैं कि उत्तीर्णता की प्रतिशता में कमी कदापि न आए।

अध्यापकों के अभाव के कारण विद्यार्थियों के दाखिले की संख्या भी दिन-ब-दिन कम होती जा रही है। यत्कारण हमारी विनती है कि हमें अध्यापक उपलब्ध कराए जाए "। विनती पत्र भी समर्पित किया।

अब देखो तो अशनिपात सा यह आदेश !

'ये सारी सरकारें वोटों की राजनीति के सहारे फूट डालकर राज करने के मंशे से सरकारी पाठशालाओं, उपादान प्राप्त पाठशालाओं को सुधारने की बात को ताक में रखकर किसी न किसी नई योजना के बहाने करोड़ों की राशि खर्च कर जात-पातवार और धर्म-मज़हबवार विशेष पाठशालायें कायम करने या अंग्रेजी माध्यम को प्रोत्साहित करने की बात उठाकर हंगामा करती रहती हैं" गौरी ने चिड़ती हुई कहा।

'वास्तव में छुटपन में बच्चे जात-पात और छुआछूत से अनजान ही रहते हैं! लगता है मिलजुलकर पढ़ने का मौका दिये बिना बचपन से ही अलग-थलग करके शैशव से ही उन में आत्मन्यूनता की भावना पनपने का अवसर देंगे ' अरुंधती मायूस हुई।

उन करोड़ों रुपयों को इन जैसी पाठशालाओं पर खर्च किया जाता है तो सरकारी स्कूलें सुधरेंगी ..." वहीं बैठी जया ने जताई।

"यही तो है चाणक्य की राजनीति! चालू स्कूलों को ताला लगाकर करोड़ों के खर्चे से नए बनवाने के वादे और शिलान्यास ! अंततोगत्वा आधारशिला ही शेष रहेंगी। इन जैसे गरीब-गुरबों और पिछड़े वर्ग के बच्चे फिर से सड़कों पर आवारा घूमते रहते हैं ..." अरुंधती गदगद हो उठी।

आबंटित राशियाँ ठेकेदारों और बीच में छोटे-बड़े नेताओं की जेबों में ..." गौरी ने बात खत्म की।

"एक और बात यह भी जोड़ो कि पहले से ही इज़ाफ़ा कर चुकी जातियों के नाम ही खानेवाले फलों पर लिखे रहते हैं।

"वह सब तो ठीक है। हमें अब मौजूदा हालात पर गौर करना है गौरी ..." सारे फाइलों को ठीक करती हुई अरुंधती ने कहा।

"कल जाकर मैं उस वकील से मिलती हूँ, आप स्कूल का काम संभालो" अरुंधती ने गौरी को प्रतिनियोजित किया।

इतने में वहाँ आया क्लर्क "कार्यमुक्ति पत्र तैयार करके दोनों को दे देंगे मैडम,आगे डीईओ से मेमो आया तो मुश्किल में पड़ जाएंगे" कहकर परेशान करने लगा।

क्लर्क की बातों की भनक लग गई है शायद! वल्ली और कांता स्टॉफ रूम से तुरंत एच एम रूम में आकर "कैसे भेज देंगे सर? हमारे पढ़ने का माध्याम एक है और अब हमें आबंटित किया गया स्कूल उर्दू माध्यमवाला है। वहाँ जाकर हम क्या पढ़ाएंगे खाक! हमें कैसे भेजेंगे हम भी देखेंगे। क्या समझते हैं कि हम चुपचाप देखते रहेंगे"? चिल्लाने लगीं।

"आप चुप रहो जी" अरुंधती क्लर्क पर बरस पड़ी।

"वल्ली! आप लोग भी जल्दबाजी क्यों करती हो, मैं ने यूनियन वालों से बात की। कहते थे कि कई सारी स्कूलों को ऐसे आदेश मिले थे। वे सब अदालत का दरवाजा खटखटा रही हैं। उन्हों ने इस मसले को देखनेवाले वकील के बारे में भी बताया था। उस वकील से कल जाकर मिलनेवाली हूँ" अरुंधती ने कहा।

"वकील, कोर्ट-कचहरी कहेंगे तो वह खर्चा कौन भरेगा? हमारे सर मढ़ाने की सोच रहे हैं तो हमें रिलीव कर दीजिएगा " वल्ली ने कहा।

"ठहरो वल्ली" गौरी ने दखल दिया।

"ज्यादा नहीं होगा। यूनियन के लीडर ने बताया था कि एक-एक व्यक्ति के लिए कमोबेश हजार रूपए होगा ..." बात अधूरी ही रही कि "हम देनेवाले नहीं हैं। आपको ही हमारी ज्यादा जरूरत है। हम यहाँ रहे या कहीं और, कोई फर्क नहीं पड़नेवाला। आप ही सोचिएगा कि जैसा बने वैसा करे" कांता ने साफ-साफ बता दिया।

"आपका भी लेना-देना होता है न? आप दोनों को रिलीव कर देने के बाद अगर्चे वे स्कूल वाले आपको लेंगे नहीं तो आपका क्या गत होगा? जाने-अनजाने की बात मत करें। आधा आप देंगी तो आधा मैं भरूँगी" अरुंधती लापरवाही से बात करनेवाली बल्ली और कांता को देखती हुई असहाय सी बात की।

उन दोनों को समझा-बुझाकर गौरी बात को एक अंजाम तक लाई। दूसरे दिन सवेरे-सवेरे अरुंधती वकील के पास गई। इसी मसले पर और दो-चार स्कूल वाले भी वहाँ आये। वकील के दिए जरूरी कागजात भरकर उनके साथ आदेश की प्रति जोड़कर उन्हें फ़ीज के साथ वकील को दिए।

वकील ने भरोसा दिया कि "जहाँ तक हो सके शीघ्र ही काम निपटवा लूँगा"।

बात यहीं पर खत्म नहीं हुई। वकील ने जब बुलाया, तब दो-तीन बार जाकर अरुंधती को कुछ और जरूरी कागजात देने पड़े।

ले-देकर औचित्यीकरण पर अदालत ने आस्थगन लगा दिया। औचित्यीकरण को अमल किया जाता है तो कई सारी स्कूलों को बंद कर देना पड़ेगा – इस बात को लेकर

यूनियनों और विपक्ष वालों ने हड़ताल-आंदोलन किया तो सरकार को भी अपने निर्णय को वापस लेना पड़ा।

पैसा और परिश्रम व्यर्थ गए तो गए, अरुंधती को ऐसा महसूस हुआ कि गरजने के साथ गिरनेवाला गाज़ रुई की रेशे की तरह उड़ गया। इतने में बाहर एक दम बादलों के गरजने की आवाज सुनकर अरुंधती अचकचा गई।

# 29
# मोह जाल

"तू चीज बड़ी ही मस्त मस्त..." रिंग टोन सुनते ही ब्लैक बोर्ड पर कुछ लिखती रही गौरी एक दम पीछे मुड़कर देखा। तब तक उसका चेहरा तमतमा गया। "

किसका है रे फ़ोन..."कहती हुई बच्चों की मेजों की कतारों में गई।

हड़बड़ाकर फ़ोन बंद करने जा रहे राजू की तरफ़ उसके आजू-बाजू की बेंचों पर बैठे बच्चों ने अपनी नजरें दौड़ाई।

"फोन इधर दे..." गौरी ने राजू के हाथ में से फ़ोन खींच लिया। स्कूल में फ़ोन नहीं लाने के लिए कितनी बार कहा रे? अपने आप को कॉलेज स्टूडेंट समझ रहा है क्या? आजकल कॉलेजों में भी फ़ोन ले जाने पर रोक लगाई गई पता है तेरे को? जाकर बाहर खड़े हो जा। तेरे बाप या अम्माँ को बुला ला तो उनके हवाला करती हूँ फ़ोन। तब तक यह मैडम के हैण्ड ओवर में ही रहेगा ..." गुस्से के साथ क्लाँस छोड़कर गौरी हेड मिस के कमरे की तरफ निकली।

"आगे कब्भी नहीं लाऊँगा टीचर! बापू को पता चलता है तो मेरा छड़ी मुबारक कर देगा ...खौफ खाकर राजू गौरी टीचर के पीछे हो लिया।

गौरी चुपचाप अरुंधती के पास जाकर फ़ोन उनके हवाला करके मसले का बयान किया।

"मैं ने इस के पहले भी एक बार तुम को सचेत किया था कि इस तरह क्लाँस में फ़ोन मत लाया कर। लेकिन फिर भी तू स्कूल में फ़ोन लाया है। इसका मतलब है तुम्हें टीचरों की बातों की कोई फरवाह नहीं है। तेरे पेरेंट्स के आने तक फोन देने का सवाल नहीं उठता। जा, जाकर क्लाँस के बाहर खड़े हो जा ..." राजू पर गुस्सा करके अरुंधती ने फोन स्विच आँफ करके दराज में डाल दिया।

"आजकल स्कूल में यह न्यूसेंस बहुत ज्यादा हो गया। सीरियस होकर क्लाँस चल रहा होता है तो कहीं से फ़ोन बज उठता है। कितनी ही बार कहा जाए बात की फरावाह नहीं की जा रही है। जरूर सख्त कार्रवाई की जानी चाहिए" गौरी की आवाज में कड़ाई।

"कुछ न कुछ करना ही पड़ेगा। आप को याद है गौरी? स्कूल में हमारे नए-नए भर्ती होने के दिनों टीन ऐज के प्यार-मुहब्बतवाले सिनेमा निकल रहे हैं तो स्कूल में भी ऐसे व्यवहार चल रहे हैं तो हम अफ़सोस किया करती थी कि बच्चे बिगड़े जा रहे हैं ..." अरुंधती कुछ सोचती हुई सी कहा।

"उतना ही नहीं, बच्चे टीव्ही में मिड नाइट मसालों के आदी हो गए हैं न" गौरी ने कहा। उन दिनों स्कूल में घटे वाकयों की याद करते हुए गौरी ने कहा।

"हाँ! वे ही चैनल्स दिन भर चालू रहा करते हैं तो बच्चे होम वर्क करना भी छोड़ चुके। परीक्षाओं के लिए भी ठीक तरह तैयारी नहीं कर रहे थे। घर पर माँ-बाप दोनों के काम पर जाने से ही दो वक्त की रोटी मिलती है। वे अपने बच्चों की पढ़ाई को ज्यादा जद में भी नहीं लेते। यही वजह है कि हमारी स्कूले पिछाड़ी हो रही हैं..." वहीं बैठी किसी और टीचर ने कहा।

इस तरह छात्र-छात्राओं पर रोज-दर रोज गहरा प्रभाव डालते जा रहे अंशों पर चर्चा चली।

उसके चार-पाँच दिन के उपरांत भोजन विराम के बाद टीचर होम वर्क की कापियाँ ठीक करने बैठी हैं। अंग्रेजी टीचर रमा की ठीक हुई कॉपी बगल में रख रही थी तो एक कॉपी उलट गई। उसके आखिरी पन्ने में कुछ लिक्खा हुआ दिखाई दिया। कॉपी निकाल कर देखा तो रमा एक दम अवाक रह गई। बगल में ही बैठी गौरी को दिखाया तो गौरी ने भी देखा तो पन्ने भर में –

"I like you; I love you, you are very smart, I love your innocent smile "

जैसे वाक्य लिक्खे हुए हैं।

"क्यों रमा! लगता है कि आपके स्टूडेंट अंग्रेजी फर्राटे से सीख रहे हैं " हंसती हुई ताना मारा।

"क्या गौरी! आपको मज़ाक लग रहा है? मैं तो हैरान हो रही हूँ" रमा चिहुँक गई।

"ऐसी बात नहीं है रमा। यूँ ही कह रही थी। उस लड़की को बुलाकर क्या माजरा है पूछेंगे" कहकर आया को आवाज लगा कर नौवीं कक्षा की रजिता को बुला लाने को कहा।

रजिता आई।

"तेरी पढ़ाई कैसे चल रही है रजिता? "जैसे अमूमन पूछ रही हो।

"अच्छी तरह पढ़ती रही हूँ टीचर" उसे क्यों बुलाया गया है अंदाज़ा लगा रही सी जवाब दिया।

उस लड़की की कॉपी के आखिरी पन्ने में लिक्खे हुए को दिखाकर "ये सब अंग्रेजी लेसंस के ही हैं क्या" गौरी ने पूछा।

रजिता डरती-डरती रमा की तरफ़ देखकर चुप रह गई।

"पहले जवाब दो। ये सब मेरे पढ़ाए लेसेंस में हैं क्या" रमा ने उस पर गुस्सा खाया।

"न... नहीं हैं टीचर.. " धीरे से कहा।

"तो फिर यह सब क्यों लिक्खा..." पूछ ही रही थी कि रजिता "नहीं टीचर ... टी व्ही में... किसी चैनल में फ़ोन इन प्रोग्राम आता है टीचर। उस में नीचे स्क्रॉल में इस तरह सब के भेजे एसएमएस आते रहते हैं। उन्हें देखकर लिक्खा है टीचर, बस और कुछ नहीं है टीचर" हिचकियाँ भरने लगी।

"अब जो लिक्खा, सो लिक्खा, आगे इस तरह का कुछ मत लिखना समझी" थोड़ी देर उस लड़की को भला-बुरा सुनाकर भेज दिया। कॉपी के आखिरी पन्ने को फाड़कर कूड़ा दाने में फेंक दिया। अपने पास पड़ी कापियों की भी जाँच की कि किन्हीं औरों की कॉपियों में भी ऐसे वाक्य लिक्खे हुए तो नहीं हैं। कुछ और बच्चों की भी कपियों में ऐसे वाक्य लिखे पाये गये थे। उनको भी फाड़-फेंककर सोचा कि व्यवहार आगे और बढ़ जाते हैं तो हेड मिस की नजरों में ले जायेंगे।

यह सब सुनती बैठी जया "इन सेल फोनों,स्मार्ट फोनों के आने के बाद बच्चे उन्हीं में अपना सर खपा रहे हैं। एक दूसरे से बतिया नहीं रहा। बाहर खेल-कूद नहीं रहे। सब कुछ उन्हीं के साथ। कुछ दिन पहले मैं जब ट्रेन से अपनी ससुराल जा रही थी तो डब्बे में चार-छः बच्चे भी हैं, लेकिन कुछ भी हो हल्ला या शरारत नहीं थी। सब स्मार्ट फोन या टैब में कार्टून देख रहे थे या उसमें विडियो गेम खेल रहे थे। उनके माँ-बाप अपने-अपने फोनों में गोते लगा रहे थे। फ़ोन से निकलनेवाली आवाज के सिवा कोई दूसरी आवाज सुनाई नहीं दे रही थी। दिन-ब- दिन मानवीय संबंधों का घट जाना यही है। कम से कम सब मिलकर की जा रही ट्रेन जर्नी में तो बच्चों के साथ लगाव पनपा नहीं जाए तो कैसे चलेगा? मुझे तो चिढ़ आई ..." साग्रह बोली।

“अब ये टीव्ही के नाटक और भी बदतर हैं। महिला खल नायक, छल-कपट, षड्यंत्र, बड़े आराम से पारिवारिक सदस्यों को ही जहर खिलाकर कत्ल कर देना, खुदगर्जी में जितने भी नीचे गिर जाना वगैरह बरदाश्त के बाहर हो जाते हैं। अपने ही घर में एक दूसरे को शंका की दृष्टि से देखने की नौबत खड़ी कर देते हैं” रमा ने कहा।

“यही है क्या? थोड़ी देर समाचार सुनने बैठते हैं तो उस में भी कत्ल,खून और हादसे। एक ही सीन बारंबार दिखाते हुए स्लो पाइजन चढ़ा रहे हैं “ गौरी ने कहा।

‘इतनी सारी विषैली संस्कृतियाँ उमड़-घुमड़ जाती हैं तो पूरा परिवार एक ही कमरे में जीवन यापन करनेवाले हमारे विद्यार्थियों पर इसका क्या हश्र होगा! इन सबका अधिगमन कर पढ़ाई पर ध्यान देने के लिए कहा जाए तो कैसे संभव होगा ‘ सारी टीचरों ने बाधा व्यक्त की।

भोजन विराम का समय खत्म हो जाने के बाद भी स्टॉफ रूम से बातें सुनाई दे रही हैं तो अरुंधती अपने कमरे में से बाहर आई।

तत्काल सारी टीचर अपने-अपने क्लाँसेस की तरफ चली गई। लीजर काट रही रमा और अखिला तो कापियाँ ठीक कर रही हैं।

“क्या हंगामा है?” कहती हुई अंदर आई तो रमा ने सारी बात बताई।

अरुंधती हाँ में सर हिलाती हुई “ बिलकुल सच। स्मार्ट फोनों के आने के बाद कुछ बच्चों के सोच-विचार बुरे रास्ते पर चल रहे हैं। कुछ दिन पहले बस में मेरी टीचर मिली। कह रही थी कि उनके स्कूल में नौवीं और दसवीं कक्षा के छात्र-छात्रायें फेस बुक में फोटो साझा कर रहे हैं। उन में एक लड़की के ग्रुप में उनकी सोशल टीचर भी थीं। वे इन बच्चों की हरकतें देखकर उसके बारे में हेड मिस की दृष्टि में ले गई तो बच्चों के माँ-बाप को बुलाकर बड़ा सा पंचायत कराना पड़ा था। चूंकि उन के स्कूल में ऊँचे वर्ग के बच्चे पढ़ते हैं, मैं ने समझा कि उन के यहाँ ऐसी समस्या आ सकती है। लगता है हमारे बच्चे तो सवा सेर निकले “ अरुंधती ने कहा।

“कौमार अवस्था में बच्चों को सुरक्षित रखना उन के माँ-बाप के लिए तलवार की धार पर चलने के बराबर होता है“ रमा ने कहा।

“कौमार दशा में बच्चों पर सब दिशाओं से असर डालकर उन के मन पर धावा बोलनेवाले दुष्प्रभाव उनके गिर्द जाल फैला रहे हैं तो कुरुक्षेत्र में अभिमन्यु की तरह बलि जानेवाले ही अधिक संख्या में दिख रहे हैं “अरुंधती का मन दुखा।

'सभी टीचरों को चाहिए कि वे अपने विद्यार्थियों पर विशेषकर दसवीं कक्षा के विद्यार्थियों पर एक नजर डालते रहें – उन्हों ने सुझाया।

इतने में वहीं बैठी अखिला "हाँ मैडम! मुझे आखिरी पीरियड की परमिशन चाहिए। मेरे बेटे के स्कूल में कोई टूर थी। जाते-जाते एटीएम से पैसा निकालकर कुछ जरूरी चीजें लेनी हैं " कहा।

हमारे स्कूल के बच्चों को जरूरी चीजें खरीदनी हैं तो उन्हें मेहनत-मजदूरी करके पैसा कमाना पड़ता है। लेकिन हमारे अपने बच्चों के लिए हम एटीएम कार्ड बनते जा रहे हैं।

'टूटते जा रहे मानव संबंधों को कहाँ और कैसे जोड़ना है ' अपने में सोचती हुई अरुंधती अपने कमरे की तरफ निकली।

# 30

# संतुष्टि

अरुंधती के सेवानिवृत्त होने के कुछ दिन बाद एक शाम को

"अरुंधती टीचर ही हैं न...? फ़ोन की दूसरी तरफ कौन हो सकता है सोचते हुए ही "हाँ अरुंधती ही बोल रही हूँ आप कौन ...? अरुंधती ने पूछा।

"मैं स्कूल में पुराना स्टूडेंट हूँ मैडम। कमलम्मा के हेड मिस रहने के दिनों पढ़ा था। हम सारे पुराने विद्यार्थी मिलकर इस साल के टीचर्स डे के दिन उन सब टीचरों का सम्मान करने का विचार कर रहे हैं जिन्हें ने अब तक हमारी स्कूल में काम किया था। इसी उपलक्ष्य में हम पुराने विद्यार्थियों का मिलन भी आयोजित करने वाले हैं। वर्तमान में कार्यरत प्रधान अध्यापिका से आप सबके फोन नंबर लिये थे और सब को फोन कर रहे हैं। अर्ज़ करते हैं कि आप उस दिन अवश्य पधारें और हमारा सम्मान स्वीकार करें" जैसे अरुंधती की स्वीकृति की प्रतिक्षा कर रही हो, उस तरफ की आवाज रुकी।

"इस टीचर्स डे को ही है न, सब टीचर्स आनेवाले हैं?" अरुंधती ने पूछा।

"सब टीचर्स ने आश्वासन दिया है मैडम। हम वृद्धाश्रम में रहनेवाली कमलम्मा जी को भी लेकर आ रहे हैं। आपको अवश्य आना है मैडम"उस आवाज़ में शाब्दिक विनती सुनकर कुछ और कहा नहीं जा सका तो "ठीक है, मैं जरूर आऊँगी" कहा अरुंधती ने।

अरुंधती ने अपने साथ काम कर रही टीचरों से भी फ़ोन पर पूछताछ की। इतना ही नहीं उसने वर्तमान प्रधान अध्यापिका गौरी का भी आमंत्रण प्राप्त किया।

योजना के अनुसार 5 सितंबर टीचर्स डे के दिन स्कूल का पूरा अहाता रंगबिरंगा हो उठा।

अरसों पहले ही सेवा निवृत्त टीचरों को काफी लगन के साथ समाविष्ट किया है पुराने विद्यार्थियों ने।

नब्बे वर्ष पार प्रथम प्रधान प्राध्यापिका कमल अम्मा टीचर को भी वृद्धाश्रम जाकर मोटर में बड़ी श्रद्धा के साथ लाये विद्यार्थियों की सभी ने काफी सराहना की। सब से अलग-थलग अकेली रहने वाली कमल अम्मा का चेहरा छात्रों के प्रेम की बदौलत पुलझड़ी की तरह खिल गई।

कमल अम्मा को वेदी पर विशेष स्थान देकर कालांतर में एच एम बनी शेष अध्यापिकाओं और टीचरों को कतारों में बिठाया गया। सारे पुराने विद्यार्थी अपने स्कूली जीवन को और उन दिनों के अपने अनुभवों को और टीचरों के साथ अपने-अपने अनुबंधों की याद करते हुए बयान करते समय जब कभी अपना प्रसंग आया है तो सारे टीचर उत्फुल्ल हो उठीं। अपनी आँखों के सामने ही बड़ा होकर इज़ाफ़ा करनेवाले छात्रों को आँखों में भर लिया।

सम्मान सभा के उपरांत सांस्कृतिक कार्यक्रम भी आयोजित किये गये। टीचर वेदी से उतरकर नीचे आ रही हैं तो सारे विद्यार्थियों ने कतारों में खड़े होकर दंडवत किया तो टीचरों ने फूले नहीं समाया। आटोग्राफ लेने वालों, टीचरों के साथ फोटो खिंचवाने वालों और सेल्फी लेनेवालों के साथ सारा का सारा अहाता चहल-पहल से खिल उठा।

सेवा निवृत्त होने के दो-चार महीने ही होने के बावजूद भी आज टीचर्स डे के दिन फिर स्कूल में पैर रख रही थी तो अरुंधती ऐसा महसूस करने लगी कि नए सिरे से स्कूल में दाखिल हो रही थी तो उसका जिया हुलस गया।

अरसों पहले रिटायर हुई सभी टीचरों को उनके पुराने विद्यार्थियों ने बड़ी श्रद्धा से समाविष्ट किया है।

सुंदर सालंकृता कोई युवती हँसती हुई उसके पास आ रही थी तो अरुंधती सोच में पड़ गई थी कि ' कौन हो सकती है यह कन्या '।

पास आकर उस ने " मुझे पहचाना टीचर आपने?" कहा।

अकस्मात अरुंधती को स्मरण हो आया "तुम वाणी हो न?" शंकाकुल स्वर में पूछा।
" हाँ टीचर " उस लड़की ने जवाब दिया।

आठवीं तक शेष विद्यार्थियों से स्पर्धा के साथ पढ़ती हुई उस के बाद पढ़ाई से बढ़कर टीम टाम से तैयार होने में ज्यादा वक्त लगाती थी तो अरुंधती ने उसे कई बार सचेत भी किया था। अब याद आया तो उसने " अब क्या कर रही हो वाणी " बड़े प्यार से पूछा।

"ब्यूटीशियन कोर्स किया था मैडम। ब्यूटी क्लीनिक भी चलाती हूँ। शादी के दिनों अच्छा बिजनेस होता है टीचर " वाणी ने कहा।

"बहुत खुशी की बात है बेटे, तुम्हारी पसंद के काम में प्रतिभा पनपती जा रही हो "अरुंधती ने बड़े प्यार से कहा।

इतने में चार लड़कियाँ बगल में छोटे बच्चों और बाज़ू में एक दो बच्चों के साथ आकर अरुंधती के चरण स्पर्श किये।

"अरे! अरे! उठिए। बच्चे गोदी में से फिसल जायेंगे कहती हुई अरुंधती ने उनकी बाहें पकड़कर उठाया। नौवीं में ही पढ़ाई छोड़ देनेवाली भानू,दसवीं के बाद ब्याह लिये दो-चार लड़कियाँ अपने बच्चों से अरुंधती का परिचय कराती हुई "अच्छी तरह पढ़ने के आशीर्वाद दीजिए मैडम " कहकर थोड़ी देर बतियाती रहीं।

"मैडम! आप को मंजुला की याद है?" हठात एक लड़की ने पूछा।

"मंजुला! यानी ...?" सोच में पड़ गई।

वही टीचर! यह ईश्वरी के साथ पढती थी न, आप आखिरी पीरियड में कहानियाँ सुनाती रहती थीं तो वह भी कहानी वगैरह लिखकर आप को दिखाया करती थी, याद आई टीचर? उसने मंजुला के नाक-नक्शे का स्मरण दिलाया।

"हाँ! हाँ! याद आया। गोरी-चिट्ठी रहती थी,घुंघुराले बाल थे उसके। अब भी वह कहानियाँ लिखती है क्या? अरुंधती ने हँसते हुए पूछा।

"नहीं टीचर ... उसने आत्म हत्या कर ली" ईश्वरी नाम की लड़की ने दुखती हुई कहा।

"हाय राम ! ऐसा क्यों किया उस ने? जब भी फुरसत मिले क्लाँस में बच्चों को समझाया करती थी कि जिंदगी कितना मूल्यवान है; नंबरों का कम मिलना, फैल होना कोई बड़ी समस्या नहीं है। जीवन में उस से भी बड़ी समस्याओं का सामना करने का आत्म विश्वास पैदा करना है। मंजुला का हसीन चेहरा याद आया तो अरुंधती की आँखें आँसुओं से नम गईं।

इतने में रेलमपेल में आकर लड़कों ने अरुंधती के गिर्द घेरा बना लिया।

"स्कूल की पूरी दीवारों पर बेकार-बेमतलब की बातें लिखनेवाले तुम लोग नौकर शुदा, बड़े होकर अब भद्र पुरुष लग रहे हैं रे" अरुंधती ने मज़ाक किया।

"तब तो ... बचपना है टीचर" सब विनम्र बोले"

कौन-कौन किस-किस नौकरी में लगा है? पूछा।

गल्फ में काम करने वाला एक है, कोई ग्राफिक डिजाइनर है तो कोई छोटा सा स्कूल चलाते हुए ट्यूशन भी पढ़ाता है। इस तरह सब किसी न किसी काम में लगे हुए हैं।

उनके हाथ पकड़कर अरुंधती ने बड़ी आत्मीयता के साथ हल्के से दबाया। इतने में वर्तमान प्रधान अध्यापिका गौरी किसी लड़के को अरुंधती के पास ले आई जिसने अरुंधती का नमस्कार किया।

"तुम कुमार हो न" अरुंधती ने पूछा।

"हाँ टीचर! मैं ने बीईडी की थी मैडम। इसी स्कूल में अस्थाई तौर पर काम करता हूँ" कुमार ने कहा।

"हाँ सुना था! गौरी ने बताया। तब पाली टेकनिक में सीट खो जाने के बावजूद भी धीरज धरकर टीचर बनूँगा कहा था न! तुम्हारे सपने को साकार किया व्हेरी गुड ..." तहेदिल से शाबाशी दी।

"लेकिन कुमार! यहाँ पढ़ाता हूँ मानकर यहीं मत रुक जाना। डी एससी परीक्षा देकर सरकारी पाठशाला में स्थाई मास्टरी प्राप्त करने के प्रयास छोड़ना मत " कहकर प्रोत्साहित किया।

"ठीक है टीचर "ईमानदारी के साथ मुंड़ी हिलाई ।

भोजनादिकों के बाद सभी पुराने विद्यार्थी फोटो निकलवाकर, बहुत देर तक बतरस का लुत्फ उठाकर टीचरों से अलविदा लिया। कमल अम्मा टीचर को वृद्धाश्रम में छोड़ आये।

विद्यार्थियों की हलचल,चहल-पहल के कम होने के बाद सभी टीचर बैठकर गप्प लड़ाती रहीं।

एक दूसरे से आत्मीयता के साथ कहती रहीं कि ' अरसों बाद इस तरह मिल-बैठना बहुत अच्छा लग रहा है न!'

स्कूल में विद्यार्थियों के साथ-साथ अध्यापकों की संख्या के भी कम हो जाने,मौलिक सुविधाओं को बढ़ाने के मौकों के नहीं रहने के कारण खंडहर बनते जा रहे कमरों और दीवारों को बड़े प्यार से टटोलकर बेहद दुःखी हुईं।

"मैडम! आप सबको देखती हूँ तो मैं आश्चर्य विभोर हो जाती हूँ मैडम " स्कूल में वालंटीर के तौर पर काम करती कल्पना ने कहा।

"क्यों?" गौरी ने उत्सुकता दर्शाई।

"इतनी उम्र के होने के बावाजूद भी छोटे बच्चों की तरह स्कूल को देखती हुई हुलस रही हैं। सच मानो तो आप में से कोई भी रिटायर हुई सी नहीं दिखती। इसके पहले भी आप

लोगों को कभी देखा था। तब जैसा देखा था अब भी आप लोग वैसी ही हैं "कल्पना के चेहरे भर में आश्चर्य छाया हुआ है।

"एक राज़ की बात बताऊँ कल्पना! कहा जाता है कि बुढ़ापे के निशान अध्यापन से जुड़े हुए लोगों में इतनी जल्दी नहीं दिखाई जितनी जल्दी दफ्तरों में काम करनेवालों में दिखाई देते हैं क्योंकि टीचर दिन भर यंग और एनर्जेटिक रहनेवालों के साथ रहते हैं सो उन में भी उत्साह और उमंग तरंगित होते रहते हैं। भले ही यह विज्ञानबद्ध न हो, लेकिन मनोवैज्ञानिक धरातल पर इस का प्रभाव अवश्य रहता है। पढ़ाना-लिखाना ही नहीं वल्कि राष्ट्रीय त्योहारों और अन्य क्रियाकलापों में विद्यार्थियों के साथ हाथ बँटाते रहते हैं तो उन में चैतन्य भरा रहता है ... " कहती जा रही अरुंधती को टोककर विजया ने

"...सभी लोग तो ऐसे नहीं रहते। उन में भी अपवाद रहते हैं। किसी भी काम में दखल दिए बिना रहनेवाले हमेशा के लिए स्थावर ही बने रहते हैं..." कहा। पूरा स्टॉफ रूम कहकहों से भर गया।

अपने हाथों से रंगे-पुते बच्चों में से थोड़े ही सही कामयाबी हासिल करने और उन्हें पढ़ा- लिखाकर समझदार बनानेवाली टीचरों को याद करके उनका सम्मान-सत्कार करने के लिए ही नहीं बल्कि वे भी अपनी टीचरों के बराबर की तरक्की हासिल करने की नींव रखनेवाले बच्चों को देखकर उनकी गुरु संतुष्टि व्यक्त करती हुई अपने-अपने घरों के लिए निकलीं।

संतुष्टि